银龄时代——中国老龄社会研究系列丛书

杜 鹏 主编

中国老年人居家养老意愿、需求与服务利用研究

王莉莉 / 著

中国人口出版社
China Population Publishing House
全国百佳出版单位

图书在版编目(CIP)数据

中国老年人居家养老意愿、需求与服务利用研究 / 王莉莉著. -- 北京 : 中国人口出版社, 2019.12
(银龄时代 : 中国老龄社会研究系列丛书 / 杜鹏主编)
国家出版基金项目
ISBN 978-7-5101-6325-8

Ⅰ. ①中… Ⅱ. ①王… Ⅲ. ①养老-社区服务-研究-中国 Ⅳ. ①D669.6

中国版本图书馆 CIP 数据核字(2018)第 282846 号

中国老年人居家养老意愿、需求与服务利用研究

ZHONGGUO LAONIANREN JUJIA YANGLAO YIYUAN、XUQIU YU FUWU LIYONG YANJIU

王莉莉 著

责任编辑 何 军 刘 姝
装帧设计 刘海刚
责任印制 林 鑫 单爱军
出版发行 中国人口出版社
印 刷 北京柏力行彩印有限公司
开 本 787 毫米×1092 毫米 1/16
印 张 13.75
字 数 200 千字
版 次 2019 年 12 月第 1 版
印 次 2021 年 1 月第 2 次印刷
书 号 ISBN 978-7-5101-6325-8
定 价 68.00 元

网 址 www.rkcbs.com.cn
电子信箱 rkcbs@126.com
总编室电话 (010)83519392
发行部电话 (010)83510481
传 真 (010)83538190
地 址 北京市西城区广安门南街 80 号中加大厦
邮政编码 100054

前言

目前，人口老龄化已经成为越来越多的国家开始重视的议题。在人口老龄化快速发展的过程中，在保证经济社会持续稳定快速发展的同时，如何更好地满足人们晚年时期的生命、生活质量，成为世界主要人口老龄化国家共同面对的挑战。其中，满足老年人的服务需求问题是目前最直接和最主要的问题。

从国内外经验来看，西方国家更多地选择社会化养老，东方国家更多地选择家庭养老。但随着社会的发展、家庭结构的变化以及老年人对服务质量与层次的需求不断提高，我们发现，无论是社会化养老还是家庭养老，都已经不能很好地满足老年人多方面、多层次的养老服务需求。

与其他养老方式相比，居家养老既能降低照料成本，又能提高老年人的生活质量。我国长期以来致力于构建以居家为基础的养老服务体系，但从目前情况来看，我国居家养老服务的发展步伐依然缓慢。一是从发展历程来看，在居家养老服务发展初期，“自上而下”的“以计划性的服务供给为导向”的特点依然比较明显，供给与老年人的实际需求对接存在不平衡、不匹配的问题，已有服务得到利用的比例普遍较低。二是从现阶段发展来看，市场化的居家养老服务发展相对滞后，老年人购买服务的意愿、能力和水平不足，居家养老滞后于机构养老发展的特征明显。因此，如何构建好、发展好我国的居家养老服务体系与服务市场，更好地满足老年人居家养老的意愿和需求，依然是一个空间巨大的研究领域，具有明显的学术意义和现实意义。

本书利用中国老龄科学研究中心两次全国性老年人口状况抽样调查数据，在全国5个省、市开展的老年人深度访谈，在计划行为理论、安德森健康行为理论以及服务链理论的基础上，分析了我国老年人的居家养老意愿及其深层次原因，我国老年人的居家养老服务需求和居家养老服务利用状况，构建了"居家养老服务链"，分析了"居家养老服务链"在服务供给、服务输送、服务利用等不同阶段存在的主要问题，并提出了进一步完善我国"居家养老服务链"的对策建议。

从老年人的居家养老意愿来看，我国老年人仍然有着强烈的居家养老意愿，人口因素、社会经济因素、健康因素、居住因素、服务因素都会对老年人的居家养老意愿产生显著的影响作用。利用计划行为理论对我国老年人居家养老服务需求的深层次原因进行分析后发现，老年人的居家养老现状不仅受老年人对居家养老行为的主观态度影响，还与社会和周围环境对老年人形成的主观规范有关。同时，老年人的健康状况、经济条件等行为能力也是影响老年人居家养老行为意愿的一个重要原因。一是从行为态度来看，中国老年人对居家养老这一行为有着积极的态度，造成这一积极态度形成的主要原因包括：可以更多地享受家庭亲情，可以独立自主地支配个人的生活,有熟悉的环境和人际关系,能够满足安全感和归属感。与此相反的是中国老年人对机构养老所持有的消极态度:限制人身自由和爱好;没有亲情,容易孤独;陌生的人际关系;负面的经验和认识。二是从主观规范来看,“养儿防老”的传统观念和“孝文化”的根深蒂固是影响老年人选择居家养老的主要主观规范。三是从知觉行为控制来看,居家养老低成本、简单易行的特点使其更容易被老年人采纳和实施。

从老年人的居家养老服务需求来看,我国老年人有着较高的居家养老服务需求,尤其是对医疗卫生、康复护理和精神慰藉方面的需求更大。相对于城市老年人,农村老年人的居家养老服务需求更加强烈。此外,不同老年人在“基本”和“非基本”居家养老服务需求上也表现出明显差异:在基本居家养老服务上,女性、高龄、文化程度较低、无偶、经济状况较差、生活自理能力较差和与其他人居住在一起的老年人的需求更大;在非基本居家养老服务需求方面,男性、低龄、文化程度较高、有偶、生活自理能力较差和独居老年人的需求相对更大。进一步对老年人居家养老的影响因素进行分析后发现,年龄、性别、受教育程度、婚姻状况、居住状况、社会保障状况和生活自理能力状况均对城乡老年人的居家养老服务需求产生显著影响。

从老年人的居家养老服务利用来看,我国老年人居家养老服务利用水平整体偏低。目前老年人在居家养老服务项目上主要以基本的家务、医疗、护理和精神慰藉服务利用为主。从服务利用的群体来看,男性、高龄、文化程度较低、无偶、与配偶同居、无养老保险、生活不能自理的老年人使用居家养老服务项目的比例更大,并且在基本居家养老服务项目的利用上,同样呈现相同的趋势。但在非基本居家养老服务项目的利用上,则以女性、高龄、文化程度较高、有偶、独居、有养老保险、完全自理的老年人的使用比例更大。

利用安德森健康行为模型进一步分析我国老年人居家养老服务利用的影响因素发现:在中国老年人的居家养老服务利用中,前倾因素、能力因素和需求因素都与老年人的服务利用显著相关。前倾因素中,女性、高龄、文化程度较高、无偶、独居、子女数量较多、离休和从机关/事业单位离退休的老年人更有可能使用居家养老服务。能力因素中,经济状况较好、享受社会养老保障和所在社区居家养老服务项目较多的老年人,使用相关服务的可能性更高。需求因素中,生活自理能力较差的老年人更有可能使用相关的服务。

进一步分析我国老年人的居家养老服务需求、供给与利用数据发现,我国老年人居家养老服务需求、供给与利用之间存在显著落差。较低的利用率导致在我国居家养老服务的需求、供给和利用之间存在着突出的落差问题。一方面,服务需求高于服务供给,形成服务不足;另一方面,服务供给高于服务利用,形成服务过剩。目前我国居家养老服务在推行过程中存在着两种突出的矛盾,即需求大于供给造成的供给不足和供给大于利用造成的供给过剩的双重矛盾,利用不足是造成这种矛盾的重要原因。而从深度访谈的质性研究看,服务认知水平低、对“外人”服务的防备、收入水平不高、服务质量和服务水平较低、服务门槛的存在、使用条件的限制、服务的随机性和不确定性、服务内容不符合服务需求、服务不能满足老年人的个性化需求、宣传力度不够等因素是制约我国老年人居家养老服务利用的主要原因。

从目前我国的“居家养老服务链”来看,在服务供给阶段,存在着“以计划性的服务供给为导向”和“信息不对称”的问题;在服务输送阶段,有着群体、单一、模式化和单中心治理的倾向;在服务利用阶段，则存在着“购买服务”观念滞后，需求、供给和利用不平衡的问题。需要加快服务供给理念、服务输送理念和服务利用理念的转变，深化政府、市场（企业）、社区、社会和家庭五个服务供给主体的权责定位，大力发展居家养老服务市场，并不断着力提高老年人及其家庭购买居家养老服务的意愿、能力与水平。

本书是在笔者博士论文的基础上修改而成的，由于受时间的限制，数据和资料的更新存在一定欠缺。此外，在研究的深度、广度方面都还存在着一定的不足，如未能将所有影响老年人居家养老服务利用的因素全部纳入进模型中，难以将所有影响服务需求、供给和利用的因素都进行分析，还需要进一步聚焦研究问题，改进研究方法。仅为有研究兴趣的研究者提供一种思路和参考。

目　录

第1章　绪　论 …………………………………………………… 1
1.1　研究背景 ………………………………………………… 1
1.1.1　人口背景 ……………………………………………… 2
1.1.2　社会背景 ……………………………………………… 3
1.1.3　市场背景 ……………………………………………… 5
1.1.4　政策背景 ……………………………………………… 5
1.2　问题的提出 ……………………………………………… 6
1.2.1　关于老年人的居家养老意愿 ………………………… 6
1.2.2　关于老年人的居家养老服务需求 …………………… 7
1.2.3　关于老年人的居家养老服务利用 …………………… 8
1.3　研究目的和意义 ………………………………………… 9
1.3.1　研究目的 ……………………………………………… 9
1.3.2　研究意义 ……………………………………………… 9
1.4　主要研究内容 …………………………………………… 12
1.4.1　立足本土化视角,分析我国老年人居家养老意愿及深层次原因 ……………………………………………………… 12

1.4.2 立足老年人视角,探讨老年人居家养老服务需求与供给差异 …… 12

1.4.3 立足老年人视角,探讨老年人居家养老服务利用行为 …… 12

1.4.4 梳理居家养老政策发展历程,针对问题提出建议 …… 13

第2章 文献回顾与述评 …… 14

2.1 居家养老的概念、性质与内涵 …… 14

2.1.1 学界对居家养老的概念界定和判断 …… 15

2.1.2 本文对居家养老和居家养老服务的界定 …… 20

2.2 老年人居家养老的意愿及原因 …… 21

2.2.1 居家养老的意愿 …… 21

2.2.2 居家养老的原因 …… 22

2.3 居家养老的服务需求 …… 24

2.3.1 老年人的需求 …… 24

2.3.2 照料者的需求 …… 25

2.3.3 环境改造的需求 …… 25

2.4 老年人居家养老的服务利用 …… 26

2.4.1 主要分析工具——安德森健康行为模型 …… 26

2.4.2 影响老年人服务利用的主要因素 …… 29

2.5 居家养老的问题与对策 …… 34

2.5.1 存在的主要问题 …… 34

2.5.2 主要对策建议 …… 36

2.6 研究述评 …… 37

2.6.1 宏观研究多,微观研究少 …… 37

2.6.2 注重以计划性的服务供给为导向,缺乏以需求为导向的视角 …… 38

2.6.3　对居家养老服务利用研究严重不足 …………………… 38
2.6.4　研究方法单一，多学科交叉研究不足 …………………… 38
第3章　理论架构与研究方法 ………………………………………… 40
3.1　研究构想 ……………………………………………………… 40
3.1.1　中国老年人居家养老意愿分析 ………………………… 40
3.1.2　中国老年人居家养老服务需求分析 ………………… 40
3.1.3　中国老年人居家养老服务利用分析 ………………… 41
3.1.4　中国老年人居家养老政策分析 ………………………… 41
3.2　应用理论 ……………………………………………………… 41
3.2.1　个人—环境理论、人本主义的社会政策理论
——全文理论基础 ……………………………………… 41
3.2.2　计划行为理论——老年人居家养老意愿和行为分析的
理论基础 …………………………………………………… 42
3.2.3　安德森健康行为理论——老年人居家养老服务供给、
需求与使用落差分析理论基础 ………………………… 43
3.2.4　服务链理论——完善居家养老政策的理论基础 ……… 44
3.3　技术路线 ……………………………………………………… 45
3.4　数据与方法 …………………………………………………… 46
3.4.1　数据介绍 …………………………………………………… 46
3.4.2　研究方法 …………………………………………………… 48
3.5　主要创新 ……………………………………………………… 48
3.6　研究框架 ……………………………………………………… 49
第4章　中国老年人居家养老意愿及其原因分析 ……………………… 50
4.1　中国老年人的居家养老意愿状况 …………………………… 50
4.2　中国老年人居家养老意愿的影响因素分析 ………………… 53
4.2.1　自变量选择 ………………………………………………… 53

4.2.2 回归模型结果分析 …… 54
4.3 中国老年人居家养老意愿的深层次原因分析 …… 56
4.3.1 研究方法 …… 57
4.3.2 理论架构 …… 59
4.3.3 数据来源与介绍 …… 60
4.3.4 中国老年人居家养老意愿的深层次原因分析 …… 60
第5章 中国老年人居家养老服务需求分析 …… 70
5.1 中国老年人居家养老服务需求状况分析 …… 70
5.1.1 中国老年人居家养老服务需求的现状及趋势 …… 70
5.1.2 中国老年人居家养老服务需求的群体差异 …… 73
5.2 中国老年人居家养老服务需求的影响因素分析 …… 79
5.2.1 变量选择 …… 79
5.2.2 主要结果分析 …… 79
5.3 中国老年人居家养老服务需求的质性研究分析 …… 82
5.3.1 自理老年人的服务需求 …… 83
5.3.2 空巢、独居老年人的服务需求 …… 86
5.3.3 高龄老年人的服务需求 …… 89
5.3.4 失能、残疾老年人的服务需求 …… 92
5.3.5 照料者的服务需求 …… 96
第6章 中国老年人居家养老服务利用分析 …… 101
6.1 中国老年人居家养老服务利用现状分析 …… 102
6.1.1 中国老年人居家养老服务利用现状 …… 102
6.1.2 中国老年人居家养老服务利用的群体差异 …… 103
6.2 中国老年人居家养老服务利用的影响因素分析 …… 107
6.2.1 变量选择 …… 107
6.2.2 主要结果分析 …… 109

6.3　中国老年人居家养老服务需求、供给与利用的落差分析 …… 113
6.3.1　我国居家养老服务需求、供给与利用落差的总体情况 …… 114
6.3.2　我国居家养老服务需求、供给与利用落差的城乡差异 …… 116
6.3.3　我国居家养老服务需求、供给与利用落差的地区差异 …… 118
6.4　中国老年人居家养老服务利用影响因素的定性分析 …… 120
6.4.1　服务认知水平低 …… 121
6.4.2　"不欠人情债" …… 123
6.4.3　对"外人"服务的防备 …… 124
6.4.4　收入水平限制服务使用 …… 125
6.4.5　服务目标与服务结果的背离 …… 125
6.4.6　"服务门槛"限制服务利用 …… 126
6.4.7　使用条件造成服务闲置 …… 127
6.4.8　随机性的服务阻碍服务利用 …… 128
6.4.9　服务设置不贴合实际情况 …… 128
6.4.10　服务不能满足老年人的个性化需求 …… 128
6.4.11　宣传力度差导致老年人服务认知不高 …… 129
第7章　断裂的服务链:居家养老服务现状与对策回应 …… 130
7.1　政策分析理论框架——服务链理论 …… 130
7.1.1　服务链的定义 …… 130
7.1.2　服务链的构成 …… 131
7.1.3　服务链的特征 …… 132
7.1.4　服务链的服务阶段 …… 132
7.1.5　服务链的影响因素 …… 133

7.2 居家养老服务链的构建 …… 134
7.2.1 居家养老服务链的定义 …… 135
7.2.2 居家养老服务链的构成 …… 135
7.2.3 居家养老服务链的特征 …… 135
7.2.4 居家养老服务链的服务阶段 …… 136
7.2.5 居家养老服务链的影响因素 …… 137
7.3 我国居家养老服务链存在的主要问题 …… 137
7.3.1 服务供给阶段 …… 138
7.3.2 服务输送阶段 …… 140
7.3.3 服务利用阶段 …… 145
7.4 完善我国居家养老服务链的对策建议 …… 147
7.4.1 明确“权利优先、先有后好”的政策原则 …… 147
7.4.2 加快“三个理念”的转变 …… 147
7.4.3 深化“五个主体”的权责定位 …… 149
7.4.4 提升“两类对象”的有效服务需求 …… 155
第8章 结论及未来研究方向 …… 157
8.1 主要研究结论 …… 157
8.1.1 中国老年人的居家养老意愿 …… 157
8.1.2 中国老年人的居家养老服务需求 …… 159
8.1.3 中国老年人的居家养老服务利用 …… 160
8.1.4 中国居家养老现状分析与对策回应 …… 162
8.2 主要研究创新 …… 163
8.3 研究不足之处 …… 164
8.4 未来研究方向 …… 165
参考文献 …… 166
后 记 …… 201

第1章 绪论

1.1 研究背景

在人口老龄化快速发展的过程中,世界主要老龄化国家都纷纷选择了居家养老来解决老年人问题。这是因为居家养老既能降低照料成本,又能提高老年人的生活质量(Tinker et al,1999;Andrew,2008),尤其是对中国老年人来讲,居家养老更能符合他们的心理和情感要求。

与西方国家相比,中国是一个有着明显家族取向的社会(杨国枢,1992),中国人几乎所有的活动是在家庭之内完成的,在这样的家庭里,人们感到自己是一个大群体的一员,感到了互相照顾和互相依存的安全感(赵芳,2008)。传统的中国家庭,家庭关系中是以亲子关系为主线的,它强调双向的抚养模式,特别强调"孝"的观念,因此,老年人不仅可以在家庭中获得相应的经济支持和生活照料,而且能够获得强大的心理安全感和精神满足感。可以说,在传统的中国社会,家庭是满足老年人所有需求的主要来源。

随着工业化社会的发展,家庭结构开始发生变迁,家庭规模不断缩小,代际关系也在发生改变,依靠家庭来满足老年人需求开始面临越来越多的困难,而社会化的集中养老也被证明无益于老年人身心健康(Quinn et al, 1999),而且花费巨大(Melanie, et al,2009)。许多老年人不愿意去养老机构,因为去养老机构被视为失去独立、自主和尊严的象征(Clarity,2009;Andrew,2008;Thomas,1996)。对于中国老年人来讲,由于受传统孝道观念的影响,子女被认为应该承担起照顾老年父母的责任,如果把父母送到养老院会被认为是"不孝"的(Yen - Jen Chen,2008),只有当家庭成员无法负担时,他们才会把父母送到养老院(Jhuo,2001)。因此,出于尊重老年人的养老意愿,提高老年人的生活质量和节省政府在老年人照料服务上的投入,许多国家开始纷纷制定支持居家养老的政策,鼓励老年人尽可能长地生活在自己熟悉的家庭和社区中,政府、社会、社区等各个部门则负责为老年人提供相应的居家养老服务。

从严格意义上来讲,居家养老其实是一种完全不同于中国传统家庭养老的养老方式,它在很大程度上是一种社会化养老服务,不仅涉及家庭和个人,更多地取决于政府、市场(企业)、社区和社会。在中国,社会化的养老服务还处在发展初期,在为居家老人提供服务的过程中,还有许多问题有待解决,包括服务需求的评估、服务利用的效率、服务输送的途径等都需要深入探讨和分析,对于这些问题的研究,不仅要从政策制定者的角度去思考,更要从服务受众者——老年人的角度去分析。因此,立足于老年人本身的意愿、需求和服务利用角度来分析我国的居家养老政策,有着更深远的理论和现实意义。

1.1.1 人口背景

我国在1999年正式进入人口老龄化社会。此后,随着生育率和死亡率的进一步下降,老年人口的绝对数量及其在总人口中的比例继续攀升。据预测,21世纪我国人口老龄化的发展将经历快速老龄化、加速老龄化和重度老龄化三个阶段。在2001～2020年,我国将平均每年增加600万左右老年人口,年均增长速度达到3.28%;2021～2050年,我国的人口老龄化速度将进一步提高,平均每年增长约620万人,老年人口的总数量在2050年将达到4亿人,老龄化水平将达到30%以上;到了21世纪后半期,我国的老年人口数量将稳定在3亿～4亿人,老龄化程度也将一直维持在30%左右,届时每3个中国人当中就有一个老年人,达到重度老龄化时期(李本公,2007)。

中国的人口老龄化发展不仅表现为基数大、增长快,而且人口平均预期寿命的提高、高龄化的趋势也非常明显。目前我国高龄老年人口的数量已经达到1 660万人。另据预测,2050年后我国80岁及以上的高龄老年人口将超过1亿人,是全球高龄老年人口总和的四分之一,高龄化的程度将增长到23%(李本公,2007)。人民生活水平的提高和医疗卫生事业的发展使我国人口的身体素质不断提高,人口平均预期寿命已接近73岁。然而活得长并不等于活得健康,根据Gruenberg和Kramer关于老年残障期扩张模式的判断,医疗护理以及提前预防会延长患病人口和功能缺损人口的寿命,导致功能缺损寿命在余寿中的比重不断扩大(Gruenberg,1977;Kramer,1980),从而使老年人对照料和护理的需求进一步增大。尽管也有学者提出老年残障期压缩模式(Fries,1980、1989、2003),并认为中国老年人口的健康预期寿命并不一定属于老年残障期扩张的模式(曾毅等,2007),但大多数研究认为中国老年人口的残障期正在不断扩张(Zimmer,2002;杜鹏等,2006、2009),老年人对照料和护理的需求也在不断增大。

1.1.2 社会背景

快速发展的人口老龄化给我国的养老服务体系带来了巨大压力。这种压力不仅表现在老年人口数量的不断增多,需求的不断增大,更主要是我国在迎来急速发展的人口老龄化的同时,还面临着社会的快速转型。这种快速的社会转型不仅带来了人们多元的价值观构成,还带来了家庭结构和社会结构的变革,造成了在老年人的养老服务中家庭照料资源缺乏与社会化养老服务体系滞后之间的矛盾,非正式照料资源不足与正式照料资源有限之间的矛盾。

首先,家庭户规模不断缩小,家庭照料资源日益贫乏。我国千百年来都是依靠家庭来为老年人提供照料服务,这种服务是基于深厚的儒家伦理和孝文化基础之上的,它无偿、灵活,体现着家庭成员的责任,包含着浓浓的亲情,是我国老年人最喜欢的照料方式。然而,随着工业化社会的快速发展,相关政策的不断推行,我国的家庭户规模正在不断缩小,2000 年我国的平均家庭户规模为 3. 44 人,2010 年已降低至 3. 10 人(国家统计局,2011),城市化的快速发展和人口流动的日益频繁,又使得越来越多的年轻人选择远离父母,流入城市,家庭结构日益小型化、核心化、老龄化,家庭照料资源进一步减少。

其次,起步晚,发展慢,社会化养老服务严重不足。我国的社会养老服务发展较迟,最早的五保户供养制度建立于20 世纪50 年代,主要的供养对象仅限于无法定扶养义务人、无劳动能力和无生活来源的老年人,提供的服务包括保吃、保穿、保住、保医。随着人口老龄化程度的加深,我国的社会养老服务开始有了缓慢发展,各种养老机构数量不断增加,服务规模也进一步扩大,养老机构涵盖福利院、养护院、敬老院、荣军养老机构、老年公寓等多种类型。但就总体来讲,我国社会化养老服务体系的发展仍然严重滞后于老年人的需求,远远不能满足我国老年人口的实际需要。

最后,空巢、独居老年人比例不断增加,老年人的居住意愿发生了明显改变。社会在快速转型的过程中,也带来了人们思想观念的改变。以往老年人大都希望年老后能够与子女居住在一起,但现在越来越多的老年人开始选择与子女分开居住。老年空巢家庭的比例和享受居家养老服务意愿的比例都在不断上升。

1.1.3 市场背景

从国内外的经验来看，养老服务市场的繁荣与发展是全面推进居家养老的重要保障。老年人的服务需求多种多样，仅靠政府、社会或者家庭的力量是很难满足的，只有大力发展养老服务业，依托市场化行为，才能为居家养老提供坚实的基础。

中国政府近几年积极鼓励社会力量参与养老服务业的发展，在土地、税收、用水、用电等方面都提出了一系列优惠的扶持政策，但由于政策落实不到位、市场环境不完善、专业化程度不高、监督管理不到位以及老年人整体消费水平较低、消费观念滞后等问题的存在，我国养老服务市场的发展还相对滞后，在服务项目、服务内容、服务方式等方面还不能完全满足老年人的服务需要。

1.1.4 政策背景

国际社会早在20世纪80年代就提出了居家养老的理念，无论是《1982年维也纳老龄问题国际行动计划》，还是1992年联合国通过的《老龄问题宣言》，都提出了"让老年人尽可能长地在家中居住"，并认为"老年人应该得到家庭和社区根据每个社会的文化价值体系而给予的照顾和保护"。这里不仅突出了家庭和社区的作用，更重要的是突出了文化价值体系在养老方式选择上的重要性。

20世纪90年代，我国关于居家养老的研究开始进入一个高峰时期，面对数量庞大的老年人口和未富先老的国情，我国学者立足中国国情和文化传统，开始对居家养老进行广泛的研究，上海、北京、宁波、南京等地都陆续开展了居家养老服务试点工作。在理论研究和实践经验都比较成熟的背景下，全国老龄办、国家发展改革委等10部委于2008年正式出台了《关于全面推进居家养老服务工作的意见》，居家养老服务工作开始在国家层面得到迅速推进。《社会养老服务体系建设规划(2011～2015年)》《中国老龄事业发展"十二五"规划》《"十三五"国家老龄事业发展和养老体系建设规划》等文件对居家养老的基础性地位及其在社会养老服务体系中的重要作用都有明确的阐述。

大力发展居家养老政策，这是国家立足我国人口老龄化和社会经济发展的国情，是尊重绝大多数老年人的养老意愿而出台的政策。但到目前为止，居家养老服务仍然是"自上而下"[①]地由政府强力主导和推进的工作，居家养老服务的效果如何，服务利用情况怎样，是否达到了政策设计之初的目的，仍然缺乏必要的分析。同时，作为老年人个体来讲，他们的居家养老意愿是怎样的，服务需求与供给是否一致，服务利用状况如何，也很少有人进行系统研究。

1.2 问题的提出

以往的研究表明，居家养老是最符合中国老年人心理特点和情感需求的养老方式，而且能够有效地减少国家建立集中式养老服务机构的费用，节省照料费用，提高为老年人服务的效率。但从目前我国居家养老实施以来的情况看，无论是在理论上、实践上还是在政策制定上，都存在着一些尚未解决的问题，尤其是在老年人对居家养老意愿、居家养老服务需求和服务利用上，鲜有人涉及和研究。

1.2.1 关于老年人的居家养老意愿

从行为理论来讲，意愿和态度是影响行为的重要因素。受传统观念和儒家文化的影响，中国老年人普遍追求儿孙绕膝、天伦之乐的晚年生活，但

① 本研究中"自上而下"中的"上"主要是指以政府为代表的服务供给部门，"下"主要是指以老年人为代表的服务利用者。

随着工业化社会的发展,许多老年人的居住意愿发生了很大的改变,他们开始享受独居或与配偶同居的状态,有些老年人开始主动选择去养老机构居住,以便能接受更加完善和全面的服务。那么对于那些仍然选择居家养老的老年人来讲,他们有哪些特点,在生活上有哪些需求,他们选择居家养老的深层次原因是什么,这种选择是否是稳定的,这些都会影响居家养老政策的制定和服务的输送。

1.2.2 关于老年人的居家养老服务需求

需求是决定供给的最主要因素,满足居家老年人的服务需求是居家养老政策制定的主要目的,只有对老年人的服务需求有深入的了解,才能制定出好的政策。我国目前的居家养老政策还处于一种以政府“自上而下”推动、“以计划性的服务供给为导向”而非“以需求为导向”[①]的状态。对居家养老服务的需求判断在很大程度上强调了老年人的同质性,忽视了老年群体之间的异质性。在提供服务时强调“公平、平等”,大多以年龄、居住状态或经济、身体状况来作为统一的服务“门槛”,推行“一刀切”的服务标准,没有注意到老年人的服务需求是有差异的,即使服务项目需求相同的老年人,他们也会因身体状况、家庭状况、生活习惯、突发事件等各种原因对服务形式、服务时间和服务强度产生差异很大的服务需求。因此,在对老年人的服务需求研究上,不仅要深入分析老年人的具体服务内容,还要对老年人在服务形式、服务时间、服务强度等方面的差异进行深入研究,但从目前情况来看,以这种需求为导向的研究和分析视角还非常不足。

---

① “以计划性的服务供给为导向”和“以需求为导向”的服务供给模式并不是对立存在的,都是一种服务供给的模式,并没有孰优孰劣的定论。在我国目前的情况下,“以服务为导向”的服务供给模式能够依靠行政的力量,将居家养老服务迅速推广至全国,具有无可比拟的优势。本文之所以强调要加强“以需求为导向”的视角,目的是避免计划经济时代的旧有模式,将服务由政府严格按照计划步骤,单方向地自上而下推广,而应该更多地在提供服务的同时,强调纳入服务对象的需求视角。

1.2.3 关于老年人的居家养老服务利用

服务利用效率是评估服务措施是否得当的重要标准，一项好的社会服务政策需要确定好服务对象，根据服务对象的服务需求提供相应的服务，并且要保证这些服务是服务对象需要的、能够接受的、能够使用得到的。但目前我国的居家养老服务关注的群体还比较狭窄，民众对居家养老服务的知晓度还很低，利用率明显不高，这一方面与老年人本身的观念有关，另一方面也反映了政策设计与实施过程中存在的问题。

社会政策评估是判断一项社会政策是否得当，是否达到预期目标的重要过程，但从目前我国的居家养老服务政策来看，过分注重政策措施的推行而缺少对政策效果的评估，已经在一定程度上影响了居家养老服务政策的实施效果。尽管目前各地已经有了形式多样的居家养老服务内容，但老年人在居家养老服务的使用上还存在着许多问题，政策目标与结果在实践中出现错位，居家养老服务的供给、需求与利用之间存在着明显的差异，老年人对居家养老服务认知程度不高、服务需求不足、服务利用程度小的问题还非常明显。

另外，从研究现状上来看，尽管目前关于我国居家养老的研究已经有很多，包括居家养老的概念，居家养老与家庭养老、社会养老的辨析，居家养老服务体系的构建，居家养老中政府角色地位的界定，居家养老服务评估指标体系，居家养老与产业化发展等，但从总体上来讲，这些研究多是从宏观政策制定与实施的角度去分析与研究的，从微观的个体角度对老年人的居家养老意愿、需求与服务利用等方面进行系统分析的还比较少。

1.3 研究目的和意义

1.3.1 研究目的

采用定量和定性研究相结合的方法,立足老年人的角度,分析我国老年人居家养老的意愿与需求;从服务需求、供给与利用的角度出发,分析我国居家养老服务的可及性、可获性、可负担性等,探讨我国居家养老政策在制定和实施过程中的问题;从以满足老年人居家养老需求为导向的角度,探讨我国居家养老政策的完善和可持续性发展。

1.3.2 研究意义

1.3.2.1 理论意义:为居家养老本土化分析提供理论素材

养老方式的选择是一个系统性的复杂问题,它不仅受一个国家人口老龄化水平、社会经济发展水平、政治体制、制度环境的影响,还与一个国家、一个民族的文化观念、养老价值观有着密切的联系。

目前,中国、美国 、英国、澳大利亚和日本等许多国家在不断完善对老年人的居家照顾(Home - based Care)服务体系,或者依托社区照顾(Community Care)来为老年人提供居家养老服务。但不同的社会文化背景有着与其相适应的文化规范,适合于本土社会现象研究的概念和理论,必然是建立在所属的规范基础之上的。西方尊重个人自主性的价值取向,以及由此推衍出的生活方式,这是西方社会行为的规范基础,在此基础上建构的个人观以及个人和社会的关系,成了西方社会理论的预设,而中国人的个人感受和社会现象的关系与西方社会截然不同(杨国枢,2004)。西方文化强调个人的独立、自主和责任意识(Andrew、Judith,2008;Secker,2003;Bland,1999),不独立则是一个非常负面的词(Andrew、Judith,2008),西方老年人不愿意和子女居住,不愿意去养老机构的一个重要原因就是不愿意失去独立、自主和尊严(Andrew、Judith,2008;Clarity,2007),认为“世界上最重要的事情就是要保持独立,所以老年人独自生活着,甚至处于饥饿和没有朋友的境地,但他们认为自己是独立的”(Secker,2003)。在这里,“家”被看作独立和自主的象征,即使老年人身体功能严重受损,他们也不愿意离开象征着独立和自主的“家”(Bland,1999)。而对于我国老年人来讲,“家”的意义则更多地体现着亲情和情感,给予老年人归属感和依赖感。

我国有着不同于西方社会的文化和观念,对居家养老的分析也必须立足于我国的国情和我国老年人的实际状况,研究分析我国老年人的居家养老意愿及其原因、服务需求及其利用,对我国居家养老的本土化分析有着重要的理论意义。

1.3.2.2　学术意义:立足老年个体的微观角度,探讨其居家养老的意愿、需求与服务利用

作为一项社会服务政策,居家养老的最终目的是为老年人提供尽可能全面的服务,使他们继续居住在自己熟悉的家庭和社区环境中。老年人作为服务的接受者,他们的意愿、需求和态度无疑是最重要的。

Moxley(1989)认为,在为老年人提供服务时,一定要强调尊重使用者的意愿和需求,因为需求与服务休戚相关,只有当有需求时才会引发要使用服务资源的动机(Gaugler et al,2005)。老年人的需求往往是多层面的,有身体上的,也有精神上的,不同性别、年龄、文化程度、经济状况、家庭状况的老年人,他们的需求也是千差万别的,而且老年人对服务提供的形式、内容、时间和强度等方面的需求也存在着很大的差异,这种差异直接影响了老年人对服务的认识、需求与利用,因此正确评价老年人的需求是提高服务质量的一个重要因素(Kane、Kane 2000;Muller,2000)。但就目前情况来讲,老年人照护服务大都是以提供服务为导向的(苏景辉,1999),许多政策是以专家观点或以发展评估工具方式调查老年人的需求,很少纳入已接

受服务者的观点来反映所接受服务与自我需求之间的差异性、吻合性，老年人只能被动选择现有的服务（苏景辉，1999）。而在服务利用方面，老年人的性别、年龄、文化程度、婚姻状况、经济水平、社会支持、家庭状况、种族、文化、信仰以及对服务的认知和态度都会影响其对服务的利用（Carole，1986；Zola，1973；Cueller，1980）。

因此，从老年人个体的微观角度出发，立足于我国的国情和文化特点，分析我国老年人在居家养老意愿、需求与服务利用等方面的现状、问题与原因，对弥补我国在居家养老研究中实证分析研究多、理论分析研究少；宏观政策研究多、微观需求研究少；自上而下研究多、自下而上研究少的不足，在学术研究和实践方面都有积极意义。

1.3.2.3 政策意义：分析居家养老政策存在的问题，为完善居家养老服务链提供政策建议

居家养老政策已在我国正式建立起来，国家明确提出的以居家为基础、社区为依托、机构为补充、医养相结合的社会养老服务体系，居家养老的地位是最主要的，居家养老的服务对象也是最多的。从实践上看，上海市、北京市、浙江省、杭州市等许多地方在开展居家养老服务工作方面积累了丰富的经验，也开创了不少值得借鉴的模式，但从总体情况来看，我国居家养老服务还处于一个初级阶段，许多问题还没有被厘清和解决，包括政府定位、市场进入、运行机制等都还处于一个模糊的状态，尤其是对居家养老服务利用的研究还非常缺乏。中国老龄科研中心“2006年中国城乡老年人口状况追踪调查”的数据显示，我国老年人居家养老服务的需求、供给与利用之间存在着明显的差异，相对于老年人的需求来讲，我国现有的居家养老服务供给是明显不足的，但相对于居家养老服务的供给来讲，老年人对居家养老服务的利用又是明显较低的。尽管需求不一定必然引起服务的使用，但我国居家养老服务的低利用率仍然非常明显。

因此，只有深入分析我国老年人在居家养老方面的意愿、需求与利用

行为,厘清居家养老服务输送和利用过程中存在的问题,才能更好地完善我国的居家养老政策,确保居家养老服务是符合老年人需要、能被老年人接受和使用的,从这个角度来讲,本文的研究也能为居家养老政策的完善和可持续发展提供借鉴意义。

1.4 主要研究内容

1.4.1 立足本土化视角,分析我国老年人居家养老意愿及深层次原因

主要包括:我国老年人居家养老的意愿如何,有何发展变化,影响我国老年人居家养老意愿的因素有哪些,老年人选择居家养老有何深层次原因,中国老年人居家养老的意愿变化对中国的居家养老政策、社会养老服务体系构建有何影响。

1.4.2 立足老年人视角,探讨老年人居家养老服务需求与供给差异

主要包括:我国老年人的居家养老服务需求有哪些;不同特征的老年群体在居家养老服务内容、服务方式、服务强度等方面的需求有何差异;影响老年人居家养老服务需求的因素包括什么;与我国目前居家养老服务的供给相比,需求与供给的差异性和吻合性如何。

1.4.3 立足老年人视角,探讨老年人居家养老服务利用行为

主要包括:目前我国老年人在居家养老服务利用方面的状况;居家养老服务的供给和利用落差如何;什么因素在影响着老年人的服务利用,是个人因素、家庭因素、服务供给因素,还是认识和态度的问题。

1.4.4 梳理居家养老政策发展历程，针对问题提出建议

在前文分析的基础上，对我国居家养老政策进行全面梳理，就居家养老政策的合理性和可持续性进行思考和分析，在理念、策略、支持体系和政策评估等方面对居家养老政策提出改进和完善的建议。

第2章

文献回顾与述评

2.1 居家养老的概念、性质与内涵

居家养老是老年人的一种养老方式，界定居家养老首要任务就是要厘清如何划分不同的养老方式。

人类社会在漫长的发展过程中，基于不同的文化、国情、政治体制以及经济发展水平等方面的差异，逐渐形成了两种最主要的养老模式，即家庭养老模式和社会养老模式。前者在东方社会绵延千载，是东方国家的主要养老方式（张文范，1998）。这种建立在传统儒家文化和强烈家族主义取向基础之上的养老方式，提倡代际间的付出与回报，依靠强大的"孝道伦理"来规范和确保子女对父母的养老责任，包括配偶、子女、亲属等在内的家庭成员，按照差序格局（费孝通，1998）的模式，来满足老年人晚年生活的种种需要，包括经济支持、生活照料、精神和心理方面的慰藉等。后者则是西方国家在工业化社会快速发展的过程中，依靠政府建立起完善的养老保障、医疗保障和社会服务体系，主要由政府干预并为老年人提供养老支持的一

种模式。姚远认为,养老模式是一种文化模式和运作方式的总称。家庭养老模式,体现的是一种文化模式,它与社会养老模式有着不同的养老思想、养老价值观、养老行为方式和履行养老职责的人口群体。养老方式则是养老责任主体在履行养老责任时的一种运作形式,它在形式上的灵活变化并不改变与之相对应的养老模式的本质内涵(姚远,2001)。

对于居家养老究竟是一种养老模式,还是一种养老方式,笔者比较赞同姚远的观点,即居家养老是一种与机构养老相对应的养老方式,它强调的是一个养老地点的问题,即老年人是在“家”里而不是住在家以外的地方(姚远,2001;项丽萍,2010;唐咏,2007;袁辑辉,1996;罗拾平,2010),这种养老方式,家庭养老模式可以采用,社会养老模式也可以采用,家庭养老和社会养老相结合的养老模式也可以采用(姚远,1998;穆光宗、姚远,1999)。

2.1.1　学界对居家养老的概念界定和判断

居家养老究竟是一种家庭养老方式,还是一种社会养老方式,如何对其进行概念界定和性质判断,目前学界还不太统一。

2.1.1.1　*居家养老是家庭养老方式还是社会养老方式*

单就“居家养老”这一表述来看,它只是强调了对养老地点的选择,并没有表明居家养老的责任主体(杨宗传,2000;穆光宗,2000;姚远,2008),因此在对居家养老究竟是家庭养老方式还是社会养老方式的争论上,学者们的观点还不统一。概括来讲,目前学术界对此问题的观点主要有三种。

1)居家养老是一种社会养老方式

持有这种观点的学者认为,居家养老并不是一种新发明,而是在西方发达国家所提出的社区照顾理论的基础上发展起来的(王璨,2010),它是一种社会养老的方式,在这种方式下老年人居住在家里,但服务由社会来提供(王锦成,2000;刘飞燕,2006;唐咏,2007;高利平,2007;洪秀华,2007;方秀云,2006;李玉玲,2008;韩俊江、徐佳,2011;王爱娣、徐姗姗,2001;杨春,2010;江海霞、陈雷,2010;罗拾平,2010;姚发展,2010;孟艳春,2010;赵亚平,2010)。持此观点的学者认为,居家养老的对象就是居住在家庭中的老年人,居家养老的养老支持力主要来源于社会,其中老年人的经济来源主要依靠养老保险、养老补贴等社会养老保障制度,生活照料和医疗卫生服务主要来自政府和社会,精神慰藉主要来自家庭和社会(彭艳芳,2010;王璨,2010;吴刚,2008)。

2)居家养老是一种家庭养老和社会养老相结合的养老方式

持有这种观点的学者认为,我国的居家养老实质上是传统家庭养老方式与现代社会养老方式的一种结合,它是一种建立在个人、家庭、社区和国家支持基础之上的养老方式(穆光宗、姚远,1999;石梅华、刘宝成,2010)。从养老资源提供的主体来看,居家养老除了需要家庭为老年人提供养老支持之外,还需要来自社会、政府和社区的养老支持与服务。在这种养老方式下,包括政府、社会、市场(企业)、社区、家庭等各种社会力量都可以以社区为平台,为居住在家中的老年人提供经济来源、生活照料、精神慰藉等方面的支持和服务,老人及其家庭也可以根据需要选择或者购买适合自己的各种服务(孟艳春,2010;洪秀华,2007;刘维,2010;夏惠明,2007)。

3)居家养老本质上仍然是一种家庭养老方式

还有极少数学者认为,居家养老本质上仍然是一种家庭养老方式,社会化的养老服务只是起到一种辅助作用,养老支持力的主体仍然是家庭,社会养老保障和社会养老服务是巩固家庭养老的必要支持(吴国卿,2000)。

2.1.1.2 居家养老与社区养老/社区照顾

首先,从名称上来看,居家养老与社区养老有着本质的不同。如前所述,居家养老强调的是一个养老的地点,并不涉及养老责任的主体;而社区养老仅从字面上看,就包含着比居家养老更多的含义,我们可以将它理解为养老的地点在社区,也可以将它理解为养老的责任主体是社区,它可以是一种养老模式,也可以是一种养老方式,居家养老则是一种养老方式。

其次,从概念反映的理念上来看,居家养老类似于国外的居家照顾(Home - based Care),即老年人居住在家中,由政府、市场(企业)和社会等多个部门为其提供生活、照料、出行、参与等服务;而社区养老则类似于国外的社区照顾(Community Care),在西方国家,这是一个理论和实践都发展得比较成熟的概念。

社区照顾(Community Care)这一概念首先由英国提出,它是英国社区在不堪养老机构成本重负的背景下,根据“福利多元化”和“社区福利”的思想理念发展起来的。这是一种依托社区,通过建立完善的老年福利服务设施,并由家庭成员、亲朋好友、邻居和志愿者等“非正式照料资源”和专业的社工、护理、康复工作者等“正式照料资源”共同为老年人提供包括医疗卫生、康复护理、生活照料、心理疏导、社会参与等多种服务的综合性照顾服务体系。这个体系可以分为两种形式,一种是“由社区照顾”,另一种是“在社区内照顾”。前者采用的是非机构、非住宿、非隔离式的照顾方式,是老年人在家或者在老年日间照料中心(即日托机构)里接受政府、社会、家人等社区内正式与非正式资源所组成的综合性照顾,它的服务对象主要是有一定生活自理能力但又不能完全自我照顾的老年人。后者则主要包括在社区内接受院舍式、机构式的照顾,接受照顾的老年人需要依赖社区内的专业机构或专业人员维持日常生活,它的服务对象主要是生活完全不能自理的老年人(苏珊,2002;王思斌,1994;王连巧,2010;祁峰,2010;肖莎等,2010;徐祖荣,2008;李伟峰等,2008)。

这样看来,居家照顾似乎被包含在社区照顾模式中“由社区照顾”这一方式内,那么与之相似的居家养老是否也包含在社区养老之内呢?笔者并不这样认为。就我国目前的情况来讲,社区并不能担负起养老主体的重任。我国的社区在很大程度上带有强烈的行政管理色彩,社区一般是居民委员会所管辖的范围。居民委员会工作侧重点首先是完成上级部门布置的工作任务，其次才是为社区的居民提供服务（夏建中，2008），社区内各种社会组织和群众组织也难以成为独立意志的参与主体。因此，要想依靠社区这样一个工作人员少、工作任务多、资金缺乏的基层组织担负起养老责任，目前还是很不现实的。事实上，笔者在许多地方的实地调研中发现，由于受资金和人员的制约，社区能为老年人提供的养老服务还是非常有限的。要想让社区承担起养老责任主体的重任，必须有完善的养老保障制度、成熟的社会养老服务市场作为支撑。

我国的居家养老是一个比社区养老范围更大的概念，它是融合了家庭养老和社会养老的一个综合性养老方式，家庭、社区、国家、社会等诸多社会力量都被包含在这一养老方式中，并通过不同形式为老年人提供相应的养老支持与服务。社区作为一个离老年人生活最近而又最基层的社会组织，不仅是为老年人提供养老服务的主体之一，更是各种社会力量为老年人提供养老服务的重要平台。

2.1.1.3 居家养老的服务对象、内容和责任主体

作为一种养老方式，居家养老需要明确以下几个问题：养谁（对象）、养什么（内容）、谁来养（主体）、怎么养（方式）和在哪里养（地点）。

1）居家养老的服务对象

从国家有关政策文件对居家养老的表述以及各地的实践工作来看，目前我国居家养老的服务对象应该是所有居住在家中、60 岁及以上的老年人（全国老龄办，2008；民政部，2011）。但各地在实践中从实际出发也将居家养老的服务对象进行了一般和重点的区分，许多地方将“三无”“五保”以及高龄、独居、生活不能自理等特定老年人群作为开展居家养老服务的重点群体，为其提供相应的支持和服务项目。

2）居家养老的服务内容

服务是指不以实物形式而以提供劳务活动的形式来满足集体或他人的特殊需要（李剑华、范定九，1984），从服务是一种满足人们直接需要的劳

务活动的层面上看，养老服务是围绕老年人的需求而提供的一系列劳务活动，居家养老服务则是围绕居家老年人的需求所提供的一系列劳务活动。

老年人的需求是多种多样的，既包括经济支持，也包括生活照料和精神慰藉（邬沧萍，1999）。由于老年人的经济支持多是以货币或者实物的形式，通过社会转移支付（如养老保障制度和各种救助、补贴等）、家庭内转移支付（子女或亲属提供的经济支持）和自己的劳动收入（杜鹏、武超，2006）得以实现的，并不属于服务的概念，因此居家养老的服务内容主要体现在生活照料、医疗护理、精神慰藉等方面，但具体应包含哪些方面，不同学者的观点也略有差异。国家对居家养老服务内容的界定也采用了大范围的概念，即居家养老的服务内容是多方面的，照料、家政、医护、心理健康等都包含在内（民政部，2011）。

3）居家养老的服务理念

就目前来讲，我国的居家养老服务理念还处于“自上而下”的阶段，往往从“社会能够给予老年人什么”的角度，而不是从“老年人需要什么”的角度来制定政策和推行服务，过于强调政策制定的社会经济条件，而忽略了服务对象，即老年人群体的实际需求，没有把老年人的意愿与需求作为养老服务政策的重要参数，因此也就很难建立起既适应社会经济发展条件，又满足老年群体基本需要的养老服务政策，导致既没有满足老年人的实际需要，还造成了养老资源的重复和浪费（宋宝安，2006；宋宝安、杨铁光，2003）。

以需求为导向在我国还是一个比较新的观念，在计划经济时代我们提倡国家和集体的利益至上，但在新时期，人们更加认同“以人为本”的重要性（杨伟民，2008）。居家养老服务只有以满足老年人的实际需求为出发点和根本原则，才能确保所提供的服务是科学、合理和有效率的。

4）居家养老的责任主体

居家养老是家庭、社会、政府等多方力量责任共担的一种养老方式（孟艳春,2010;孙慧峰,2010;穆光宗、姚远,1999;石梅华、刘宝成,2010),因此,政府、市场(企业)、社区、家庭、社会等社会部门都是被纳入其中的责任主体(孙慧峰,2010;龚静怡,2004;刘维,2010;夏惠明,2007)。其中,政府主要负责老年人的经济和医疗保障,居家养老政策的制定和实施,居家养老服务市场的监管和评估等;市场(企业)主要负责提供居家养老的产品、技术和服务;社区也可以直接为老年人提供适合的居家养老服务,更重要的是要发挥平台作用,整合各方力量,输送满足老年人各种需求的居家养老服务;家庭作为老年人晚年生活中的重要支持力量,不仅可以为老年人提供经济支持和生活照料,更重要的是可以为老年人带来精神上的交流和心理上的保障;社会中的各种非政府组织也可以为老年人提供必要的服务或参与居家养老服务的衍生品,如服务标准的制定、服务人员的培训等(孙慧峰,2010;彭艳芳,2010;王璨,2010;吴刚,2008;孙慧峰,2010)。

5)居家养老的服务方式和地点

由于居家养老服务的主体是多元的,既可以是政府提供的公共服务,也可以是家庭提供的私人照顾,还可以是市场(企业)提供的营利性服务,或者是志愿团体提供的公益性服务。因此居家养老的服务方式也是灵活的,可以采取上门服务,由社区工作人员或专业服务人员到家中为老年人提供养老服务,也可以让老年人到社区的服务设施里去接受服务。服务地点既可以在家里,也可以在社区的为老服务设施里。

2.1.2 本文对居家养老和居家养老服务的界定

综合以上对居家养老的现有研究,笔者认为在界定居家养老的概念时还要注意区分居家养老和居家养老服务。前者是一种养老方式,后者则是为达成这种养老方式的效果和目标而采取的各种措施和方法;前者是目标,后者是行动,目标不清晰、不明确,措施和行动就会出现偏差甚至与目标背道而驰;反过来如果措施和行动不准确、不得当,那么目标的实现就会出现问题和困难。

综上所述，本文认为居家养老是一种由政府、市场（企业）、社区、家庭、社会等多个社会部门为居家老年人及其照料者提供所需的各种养老支持与服务，以满足其居家愿望，提高其生活质量的养老方式。居家养老服务则是政府、市场（企业）、社区、家庭、社会等多个社会部门为满足老年人的居家养老愿望，为居家老年人及其照料者提供医疗卫生、生活照料、康复护理、精神慰藉等多方面服务的总称。

2.2　老年人居家养老的意愿及原因

2.2.1　居家养老的意愿

居家养老是绝大多数老年人的养老意愿，他们心中最理想的养老地点仍然是自己熟悉的家中。

国外的研究发现，大部分老年人愿意居住在自己的家中以保持他们社会网络的完整性和拥有一个较高的生活质量（Melanie，2009）。2000年美国的一项调查发现，在65岁及以上的美国老年人当中，有92%的老年人表示即使他们到了需要照料的时候，仍然愿意居住在自己的家中，82%的老年人表示不愿意搬离目前居住的地方（William，2009）；Burnholt的研究也同样支持了这一观点（Burnholt，2004），并且大部分国外老年人更倾向于独居或者与配偶居住（Eunju，2008）。

有着儒家传统文化的东方国家，老年人的居家养老意愿更加明显。据全国老龄办的调查显示，全国有85%的老年人有居家养老的意愿（全国老龄办，2008），江苏省、北京市、上海市等地的调查结果也表明，绝大多数的老年人仍然喜欢和选择居家养老（常州市养老服务需求课题组，2009；杨春，2010；程远，1999；复寿劳，1997；郭继，2002）。同时老年人的居住安排也在发生改变，独居或只与配偶居住的方式得到了许多老年人的认可（万江红等，2008）；养老机构的接受度虽有所提高，但仍然较低（肖云等，2006；陈翠莲等，2010）。另外，即使是现在还没有进入老年期的青年人和中年人，他们对居家养老也有着明显的青睐。一项关于青年农民养老意愿的研究表明，被访者中仅有26%的人表示自己年老时愿意去养老机构，大部分被访者表示还是愿意在家中养老（肖云、文莉，2006）。而另一项针对青年人养老意愿的质性研究也表明，被访者更喜欢在有着浓重亲情氛围的家庭中安度晚年（刘雪，2006）。

以往的研究表明，人们的养老意愿受多方面因素的影响和制约，主要的影响因素如年龄、受教育水平、自理程度、住房等（程远等，1999；复寿劳，1997；邓颖等，2003；朱宝安，2006；郭秋菊等，2011；朱宝安，2004；郅玉玲，2002），子女数、照料补贴、社区服务的价格（Thomas，1996）、地区以及代际差别等也是影响养老意愿的一个重要因素（李建新，2004）。总体来讲，制度、经济和观念都会改变人们的养老方式（龙书芹、风笑天，2007）。

2.2.2 居家养老的原因

居家养老的产生和发展不是凭人们的主观愿望决定的，而是由社会生产力发展水平以及与此相适应的社会经济制度、思想观念和社会习俗决定的（姚远，2008；彭艳芳，2010；张雅，2010）。有学者从结构功能主义的角度、从宏观方面去阐释居家养老方式的产生和发展（刘维，2010），也有学者从社会分层的角度提出居家养老是满足老年人多样化需求的必然产物（蒲新微，2009；石梅华等，2010）。而从老年人的角度来讲，选择居家养老的方式还有着心理、情感等多方面的原因。

2.2.2.1 可以保持独立、自主的空间

尽管专业性的养老机构可以为老年人提供充足的照料服务，但大部分老年人还是希望能够在自己的家中度过晚年，这其中一个重要的原因就是

老年人认为在自己的家中可以更加自由，保持自己独立、自主的空间（Thomas，1996；贾雪华，2009；Ruthanna et al，1997；Forbes，1998），许多老年人不愿意去养老机构的一个主要原因就是害怕会失去独立和自主（Clarity，2009），不能自己自由地支配时间。

2.2.2.2　不愿离开家人

对于我国老年人来讲，选择居家养老的一个重要原因还在于家庭亲情的牵绊。在晚年尽享天伦之乐是我国老年人的理想生活，家人所能给予老人的情感支持和安全意义是其他任何机构所不能比拟的，因此许多老年人选择居家养老而不愿意去养老机构的一个重要原因就是不愿意离开家人（缪宇音等，2010；曹子建等，2009）。

2.2.2.3　保持完整的社会网络

以往的研究表明，大部分老年人愿意居住在自己的家中，以保持他们社会网络的完整性（Melanie，2009），因为在自己家中有熟悉的社会环境和人际关系（贾雪华，2009；Chapman et al，2001；Hwang et al，2006；Van et al，2007；Verderber，2006），Kim 等人的研究也表明，邻居和朋友网络是影响中国、韩国老年人居家养老的一个重要因素（Kim et al，2002；Perez et al，2001），在熟悉的环境和人际关系中生活对提高老年人的身心健康和生活质量都有积极意义（Chappell et al，1998；Ghosh，2003；Lai，2004；Wu et al，2002）。

2.2.2.4　文化和社会观念的影响

文化观念也是影响老年人选择居家养老的一个重要原因。西方文化强调的独立、自主影响着老年人居住在自己的家中而不愿意离开（Bland，1999）。而在有着东方文化的国家，受传统孝道观念的影响，子女被认为应该照顾年老的父母，把父母送到养老院会认为是“不孝”的，老年人也怕会给子女带来“不孝”的名声，而不愿意去养老机构（许爱花，2005），因此老年人大都选择在家中养老。

2.2.2.5　养老机构的负面印象

对养老机构的负面印象也是影响老年人选择居家养老的一个原因（张宏哲，2002；施教裕，1994）。许多老年人认为养老院生活单调、没有自由、生活质量不高（缪宇音等，2010；Melanie，2009），在心理上也会有一种被家人和社会冷落的孤独感（郝鹏，2006）。

2.2.2.6　成本因素

与老年人的实际收入相比，养老机构收费较高也是造成老年人选择居家养老的一个客观原因，许多老年人因为养老机构收费过高而只能选择在家中养老（Tell，1987；Melanie，2009；贾雪华，2009）。

2.2.2.7　搬迁带来的负面影响

以往的研究表明，搬迁尤其是搬入养老机构中去，往往会引起老年人的压力、隔离和身心健康水平的下降（Staveley，1997；Haight et al，1998），体重下降和抑郁都会出现在老年人的身上（Lander et al，1997；Haight et al，1998）。

2.3　居家养老的服务需求

2.3.1　老年人的需求

老年人最需要经济、照料和精神三方面的支持（邬沧萍等，1999）。Cirirelli认为老年人的具体需求包括家务事、住房、房屋维持、经济支持、个人照顾、居家健康照顾、交通、社会与娱乐活动、心理支持、就业、精神慰藉等。国内学者界定老年人的需求包括生理需求（健康医疗、居住赡养等各项照护需求）、社会需求（经济安全、教育、休闲）以及心理和社会适应需求等（詹火生，1993；吴淑琼等，2000；詹火生等，1994）。也有学者认为老年人自评需求中，以健康医疗、经济安全为最主要的需求，其次为教育休闲、居住安全和社会心理适应。由于老年人需求的多样性，所以要提供多方面的服务才能满足老年人的居家养老需求（吴淑琼，2004），如餐饮、洗浴、日间照料、医疗卫生（家庭病床、体检、保健指导）、家务劳动、文体娱乐等（王辅贤，2004）。年龄、性别、文化程度、家庭状况、生活自理能力等是影响老年人居家养老服务需求的主要因素（Bagley，1993；Lai，2004；Tremblay et al，2006；Jing - Juin，2006）。

2.3.2　照料者的需求

许多居家养老的老人是由其家人或者保姆提供主要的生活照料，这些照料者的服务需求也是我们在提供居家养老服务时需要考虑的。

以往的研究表明，大部分居家养老的老年人主要还是由家人或者保姆进行照料，尤其是在东方社会，家庭照料者的负担更重。根据我国台湾地区的一项调查，家庭照料者每天用于照料的时间平均为 13.5 个小时，他们的身体和精神承受着巨大的压力（中国台湾家庭照料组织，2007），因此，许多国家和地区开展了专门面向照料者的喘息服务、护理培训、心理咨询等服务（Yen - Jen，2008）。

2.3.3　环境改造的需求

家（社区）是居家养老服务的主要服务地点，居所环境不仅会影响家庭成员对老年人的照料（Sussman，1979；Sangl，1983；Noelker，1982），也会影响老年人对居家养老服务的使用和是否可以继续独立地生活在家中或社区里（Thomas，1983），从而间接导致老年人提早进入养老机构（Eunju，2008）。

以往的研究表明，老年人在居家养老中可能会经常遇到居住环境等方面的障碍，如水槽和浴缸的放置、沉重的门把手、缺少扶手等无障碍设施等（Duncan，1998；Heywood et al，2002），而改变居家环境可以明显地增强环境的可到达性和可利用性（Struyk et al，1988；Pynoos et al，1987），提高行为能力的满意度(Stark,2004)和安全性(Petersonet et al,2007;Heywood,2004)。因此,对居所和社区环境进行适当的改造,增强其对居家养老的支持性,使老年人生活在一个拥有着合适的住所、充足的支持性服务的社区,会明显增加居住的稳定性,减少每年的平均住院时间和服务需求(Newman et al,1994)。在室内重塑浴室、安装自动门,或者在室外安装坡道、电梯,在社区内设立老年辅助生活设施等都可以有效地达到改造居住环境的目的。

2.4 老年人居家养老的服务利用

随着老龄化的发展和女性人口越来越多地进入就业市场,老年人的家庭照料系统正在逐渐减弱,对正式照料系统的重视正在加强。研究者们对居家照料服务的需求、谁在利用居家照料服务、哪些因素在影响服务的使用、这些因素会对使用者有什么影响等都进行了深入的分析(Berkeley et al,1985;Mindel et al,1986;Wan,1987;Tennstedt et al,1987;Noelker et al,1989),为我们研究老年人居家养老服务利用提供了重要启示。

2.4.1 主要分析工具——安德森健康行为模型

2.4.1.1 模型介绍

20世纪50年代,关于人们寻求和利用健康服务的研究受到了学者们的关注,各种健康行为模型,如Suchman(1965)的“阶段模式”、Rosenstock(1974)的“健康信念模式”、Mechanic(1978)的“寻求协助整体理论”、Andersen(1968)的“健康服务使用行为模式”等都被用来分析和解释人们的健康行为模式。其中以Andersen的健康服务使用行为模式的理论架构最为完整,对于每个变项有清楚的操作性定义,所以经常被引用为相关研究的理论基础(范淑玲,2004)。

安德森健康行为模型将影响个人健康服务使用的因素分为三类，分别为：前倾因素（Predisposing variables）、能力因素（Enabling variables）和需求因素（Need variables）。其中前倾因素指疾病发生之前，有哪些人比较倾向使用服务，包括人口学特征（年龄、性别、婚姻状况等）、社会结构（教育、职业、种族、宗教信仰等）、健康信念（个人对健康服务的知识、态度与价值观等）；能力因素，指个人获得健康与医疗服务的能力，即使个人有使用健康服务的倾向，仍须有某些能力付诸实现，包括个人或家庭资源（个人或家庭收入与储蓄、健康医疗保险等）、社区资源（社区医疗资源的可近性与可用性、资源距离的远近、医疗服务价格、就医与候诊时间等）；需求因素，指个人感受到某些健康与医疗服务的需求，包括自评健康状况与临床评估等（Andersen、Nesman，1973；Bass et al，1992；Calsyn et al，1993；Jackson et al，1997；Johnson et al，1996；Noelker et al，1989；Penning，1995；Tennstedt，1993；Wolinsky et al，1991；Melanie et al，2009）。

2.4.1.2　变量的选择

以往利用安德森健康行为模型的文献中，关于前倾因素的定义和范围是宽泛的。一般来讲，年龄、种族、性别和社会关系（Bass，1987）是普遍包含在内的，另外，婚姻状况、独居（Cafferta，1987）、教育程度（Berki SE，1978）、出生地、英语交流能力、对医疗服务的满意程度（Cox C，1986；Carole，1986）和文化适应（Makrides K S，1985）等也被许多学者在研究中纳入前倾因素的范畴当中。就业和离退休状况也是以往有关健康服务利用中前倾因素中的组成部分（Wolinsky F D，1986；Counte M A，1991），其他还包括社会联系（Broadheda W E，1989）、用社会联系指数反映的社会支持（Coulton C，1982）、种族、对医疗服务的满意程度、医疗保健信念（Makrides K S，1985；Strain L A，1991）、生活应激事件（Counte M A，1991）、寡居（Broadhead W E，1989）、邻近的子女情况（Mutran E，1988）等。

能力因素中，最主要的是收入和保险状况（Bass D M，1987），另外，家

庭辅助任务(Bass D M,1987)、医疗服务的存在性和可获性(Cafferta G L,1987)、去看医生的交通情况(Evashwick,1984)、个人医生的可获性(Cafferta,1987)、与医生的沟通能力(Cox C,1986)、个人保险状况(Evashwick,1984)、医疗保险(Wolinsky F D,1986)、医疗补助(Restrepo H E,1994)、医生的类型(Hennelly V D,1979)、转诊医生的可获性(Chiang T L,1989)、对身体健康状况的担忧也被归入能力因素(Cafferta G L,1987)或者需求因素当中(Hennelly V D,1979)。

需求因素中,自报健康状况(Bass D M,1987)、慢性病状况(Cafferta G L,1987)、癌症、中风(Hennelly V D,1979;Melanie,2009)、心脏病、关节炎、高血压、糖尿病(Cox C,1986)都是反映老年人健康问题的变量。另外,精神健康状况也是健康服务利用的一个重要变量(Bass D M,1987;Escarce J J,1993),身体功能状况(Berki S E,1978)、日常生活活动能力(ADL,Broadhead W E,1989)、工具性日常生活活动能力(IADL,Bass D M,1987)也是一个重要变量。对健康状况的担心程度(Hennelly V D,1979)、失能、体重(Counte M A,1991)都是以往研究中测量需求的变量,看病次数、住院情况也是以往研究中衡量服务需求的变量(Bass D M,1987;Strain L A,1991;Mutran E,1988)。

2.4.1.3　*不足与发展*

尽管安德森健康行为模型应用很广,但学者们也注意到了要进一步发展安德森健康行为模型的必要性(Bass et al,1992;Wolinsky et al,1991)。一是模型忽视了照料者对服务利用的影响(Bass et al,1987),Bass 等学者认为,为了更全面地理解老年人使用正式照料服务的原因,还需要将更多的变量纳入进来,包括照料者的负担和个人与社会生活的限制等(Bass et al,1987)。二是关于健康服务利用一直被认为是一个个人的行为,行为科学试图将一个人的行为放在个体自身的行为特点和他所生活的环境以及个体与社会之间互动的关系当中去理解(Moore,1969)。但截至目前,关于健康服务利用的实证和理论研究都在强调个体的特点,而很少关注社会影响对服务利用的作用。三是在应用与发展安德森健康行为模型时,也有学者从亚洲国家的特点出发,认为安德森的健康行为模型在考虑社会因素时缺少了对尊重、家庭和谐、孝文化这些社会因素的考虑,而这些因素正是亚洲社会的一个重要文化特点(Stephene,1998)。

2.4.2 影响老年人服务利用的主要因素

2.4.2.1 年龄

人口学变量可能并不直接影响服务的使用,但它们可以通过对老年人需求因素的联系来对服务的利用产生影响(Coulton et al,1982;Wan et al,1983;Wolinsky et al,1983),年龄就是人口学因素中与老年人健康照料服务利用相关度最高的指标之一(Kemper P,1992;Hanley R J,1990;Smith、Longino,1994)。老年人随着年龄的增长,身体健康水平逐渐下降,当家庭照料资源不足以满足老年人的需求时,老年人对健康照料服务的需求和利用就会提高。

2.4.2.2 婚姻状况

Myunghan 等人的研究发现,未婚和无偶同居的老年人更有可能去利用相关的居家健康照料服务(Myunghan,2010),这是由于这些老年人缺乏非正式支持,缺乏以家庭为主的照料资源(Tennstedt et al,1990)。当配偶作为老年人的照料者时,他们一般不会需求其他照料资源的帮助,除非他们的健康状况堪忧(Hess et al,1985)。成年子女作为照料者时,由于他们要承担更多社会角色,在语言和服务认知等方面都要优于老年人,因此他们往往更有可能去寻找正式照料服务的帮助(Horowitz,1985)。

2.4.2.3 教育程度

教育程度通过直接和间接两个途径对服务利用产生影响。一是可以通过教育来提高服务认知以提高老年人对服务的利用(Yeatts,1992;Steven

P,1995)；二是教育可以通过间接地影响老年人的经济收入、对服务的理解和认知以及向有关部门申请服务的能力来提高其对正式照料服务的利用(Steven P,1995)。

2.4.2.4 居住安排

缺少社会支持和独自居住是老年人利用长期照料服务的主要因素(Quinn et al,1999;Algera et al,2004)。以往的研究表明,独居的老年人更少地利用服务,这可能是因为独居的老年人身体健康状况普遍较好,他们只有在身体健康的情况下才可能继续独居,而那些不能自理的老年人不太可能独居,只能与其他人居住在一起(Connie,1984)。

2.4.2.5 经济状况

经济状况也是影响老年人对正式健康照料服务需求的一个因素(Crist et al,2007),但经济收入水平与健康服务利用究竟是正相关还是负相关关系,目前还没有定论。

一些学者认为,经济收入与服务利用之间呈正相关关系。因为许多正式照料服务是需要付费的,因此收入水平越高的老年人,他们使用正式照料服务的可能性越大(Rosner T T,1988),如有健康医疗保险的老年人就更有可能去利用相关的居家照料服务(Gure et al,2009),而低收入则会限制老年人对正式照料服务的使用(Kemper P,1992;Stoller E P,1993;Wallace S P et al,1992)。但也有研究发现,经济收入与服务利用之间呈负相关关系,如 Myunghan 等人发现墨西哥老年人当中低收入老年人比高收入老年人更有可能使用较多的正式服务,两者之间呈负相关关系(Myunghan,2010;Michael A,1991)。

2.4.2.6 身体功能状况

以往的研究表明,身体健康状况,即功能需求因素是影响老年人健康医疗和照料服务的最主要因素(Kirscht,1976;Branch L G,1988;Edleman P,1990;Mcauley W J,1984;Wolinsky,1984;Kemper P,1992;Pol et al,2002;

Connie et al,1984),健康状况的恶化(Wan,1982)和身体功能的损伤都会提高老年人对正式居家健康照料服务的需要(Wallace et al,1998;Bass et al,1992;Houde,1998;Miller et al,1991;Noelker,1989;Vetter et al,1998)。另外,上一年的住院状况也是一个反映功能需求因素的变量。一方面,这可以直接反映他们的身体健康状况;另一方面,住院的经历也会使老年人和照料者与正式的健康服务系统接触,从而提高他们对服务的认知水平(Baila,1991)。

2.4.2.7　照料者的需求

Crist 认为家族主义与居家健康照料服务关系密切(Crist,2002)。家族主义者认为家庭成员对照料有基本责任(Crist,2003、2005),子女应该满足父母的照料需求,以报答父母对他们的付出(Gelfand et al,2001)。因此许多选择在家中养老的老年人,大部分是由家庭成员为其提供非正式的照料服务(Stone,1987),但当被照料者的服务需求已经超出家庭所能承受的范围时,他们就会使用正式照料服务作为替代或者补充(Noelker et al,1998;Piercy et al,1999)。照料者和被照料者的特征都会影响正式照料服务的使用(Susan,1998;Wu et al,1997),两者需求的结合才是决定使用正式照料服务的最关键因素,并且在大部分时候,照护方案的确定往往由其家人最终决定,因此照料者的需求是影响正式照料服务的一个重要因素(Noelker et al,1989;谢美娥,2002)。

Horowitz 等人的研究发现,照料者的负担会提高其对正式照料的服务使用(Horowitz,1985;Stephens et al,1986;Baila,1991),照料者的健康水平、心理状况是其利用正式照料服务的重要影响因素。照料者的健康状况越差,他们就越有可能利用居家个人照料服务和持续监督服务(Penning,1995;Houde,1998)。照料者的压力也与正式照料服务的使用关系密切,照料者在个人生活和社会生活方面受到的限制越多,照料者的抑郁症状越明显;正式照料服务使用得越多,则照料者的精神状况与正式照料服务使用

之间呈现明显的正相关关系(Badger,1998)。

2.4.2.8 非正式支持网络

家庭成员、朋友和邻居是老年人非正式支持网络的重要资源,Clipp 等学者认为老年人的非正式支持网络也是影响其居家正式照料服务的一个重要因素(Clipp et al,1990),一个较小的非正式支持网络不可能减轻照料者的负担,也不能作为正式照料服务的补充或者替代(Bass et al,1987;Tennstedt et al,1989)。因此,当老年人的需求增加、照料者的压力增大,而他们从家庭成员、邻居和同伴那里获得的社会支持较少时,对正式照料服务的需求和使用就会增加(Baila,1991;Michael A,1991)。

2.4.2.9 服务认知

服务认知(Service Awareness)是指对现有居家照料服务的理解和对如何获得服务的认知(Crist et al,2007)。以往的研究表明,对健康服务的认知是比健康状况、收入状况等更重要的与老年人健康服务利用的相关因素(Wolinsky,1978;Earle,1980)。Myunghan 等人通过对美国、墨西哥和韩国老年人健康照料服务利用的研究发现,除去其他因素,服务认知是影响不同文化和种族的老年人对服务利用的共同因素(Myunghan,2010;Crist et al,2006),老年人对服务的认知程度越高,就越有可能更加积极主动地寻找相关的服务资源,服务利用的可能性就越大。

2.4.2.10 文化和种族

许多文献表明,文化和种族也是影响老年人对正式照料服务利用的一个突出因素(Zola I,1973;Zborowsi M,1952;Mechanic D,1963;Twaddle A,1974;Carole,1986;Strand P,1983;Ada C,1994)。

西方文化中的"家"是一个范围较小的概念,通常只包括核心家庭,在这样的家庭范围内可用的资源是非常有限的,所以西方家庭是一个很开放的系统,家庭与外在环境有很多的联系与接触,在家庭碰到困难时,他们也愿意寻求外来的帮助(赵芳,2008)。但在东方文化中,家庭的界定范围是很广的，家庭成员之间讲究互助与合作，强调系统内的团结和忠诚，在这个系统内的是“自己人”，系统之外的是“外人”，有困难主张在家庭内部解决，不轻易寻求“外人”的帮助（赵芳，2008），因此，许多中国老年人包括移居到国外的中国老年人不想利用正式照料服务的一个主要原因就是“不想让‘外人’进入家中服务”，对外界无偿或付费的服务持怀疑和不信任的态度（江海霞等，2010）。

另外，还有许多研究发现，种族也是影响老年人对健康照料服务利用的一个因素（Zola I，1973；Cueller J，1980）。Steven 等人对拉丁裔和非拉丁裔的老年人对付费照料服务利用的研究发现，女性、文化程度较高、收入较好、功能服务较高但家庭照料资源较少的非拉丁裔老年人，他们利用照料服务的可能性更大，但对于拉丁裔老年人来讲，结果恰恰相反（Steven et al，1995），而且拉丁裔老年人还没有付费购买照料服务的文化观念的转变。因此在制定有关公共照料服务的政策和提供服务时，就必须注意到文化、种族差异对服务利用的影响（Carole，1986），否则在为不同种族老年人提供照料服务时就不会如预期目标那样理想（Steven et al，1995）。

2.4.2.11　老年人的主观态度

主观态度也是影响服务利用的一个重要因素，Moen 认为服务利用的关键问题是老年人的主观态度和意愿问题（Moen，1978），老年人对自己健康状况普遍的积极认知、对正式照料服务缺乏信任也是限制他们利用相关服务的原因之一（Shanas E，1960；Ware J E，1976）。另外，当老年人认为照顾家人的责任也需要靠一部分政府的力量时，他们在接受和使用正式照料服务的可能性也会相对提高（曾淑芬等，2008）。此外，其他健康照料服务的利用，如住院治疗和医生服务也会影响老年人对正式照料服务的使用（Kemper P，1992；Hanley R J，1990；Steven P，1995）。

2.5 居家养老的问题与对策

2.5.1 存在的主要问题

2.5.1.1 服务认知水平较低

对居家养老服务的认知水平较低的情况依然普遍。我国台湾地区的一项调查显示，目前台湾地区一般民众对于社会服务与措施的认知仍然偏向不清楚的情况，特别是有年迈或是失能者的家庭，急需社会持续的支持，却因为不知道有何种福利或是如何申请，给家庭、亲友甚至社会造成负担，尤其是独居老人对社会福利的认知更是鲜少（曾淑芬等，1996）。

2.5.1.2 服务利用率不高

居家养老服务的目的是使老年人在家中、社区里就能得到充足的照料服务，从而延缓其进入养老机构的时间，提高其生活质量并减轻家庭照料者的负担（Gaugler et al，2005），但就目前来看，居家养老服务的使用率依然偏低（Braithwaite，1998；陈秀玫，2004）。

2.5.1.3 以“计划性的服务供给为导向”而非以“需求为导向”

从目前为老年人提供的正式照料服务来看，以“计划性的服务供给为导向”的痕迹还非常明显（苏景辉，1999；曾淑芬等，2004），民众仅能被动地选择现有的服务，实际上最需求的服务却不一定能够得到满足，这也就造成了目前老年人居家照料服务或者长期照料服务中最大的问题，即需求与服务利用之间落差明显（陈惠姿，2004），需求没有得到满足的问题突出（陈伟，2010；庄坤洋等，2004）。

Hong 等学者的研究发现，有超过一半的民众认为，目前所接受到的居家或社区支持服务是不能满足被照料者的需要的，这些得不到满足的需要包括日间照料、餐饮服务、个人照料（Hong，2004）、出行、家务劳动（Jae，

2001）等，其中，女性（Allen SM，1994；Branch L G，1981）、健康状况较差（Tennstedt S，1994；Allen S M，1997；Manton，1989）、少数民族（Smith M Y，1998；Thomas C，1998）、经济状况较差（Allen S M，1994；Siegel K，1991）、独居（Jackson M E，1991；Jae，2001）、缺乏家庭支持（Bowling A，1991；Mor V，1992）的老年人需求得不到满足的可能性更大。

老年人的居家养老服务需求不仅包含服务项目，还包含服务形式、服务时间以及服务强度等。为了使正式照料服务与民众的服务需求相一致，就必须了解服务接受者的需求、要求与渴望，需求就是"满足不同人的不同需要"，并且认为提供合乎人们需求的服务是专家与护理之家主管的责任（Abramovice，1988），在提供服务时，必须将专家和民众的观点很好地结合起来（Evashwick et al，1984）。

2.5.1.4　家庭的负担仍然很重

如果没有可获得的足够的照料服务，许多居家养老的老年人的照料责任还是由其家人承担。事实上，在没有充足的照料服务的情况下，社区照料或者居家照料仍然由家庭负责照料，尽管居家养老的服务政策正在试图建立一个帮助家庭减少或者摆脱照料负担的服务系统，但其建立与完善还需要一段较长的时间（韦俏玲，2006）。由于政府提供的照料服务还不能充分满足老年人及其家庭的需求，因此家庭系统仍然在扮演着照顾老年人的主要角色（Chow N，1993）。

2.5.1.5　居家养老服务体系的滞后

这类问题主要发生在刚开始发展居家养老服务的国家。居家养老服务刚刚建立，包括资金的来源，服务队伍的建立，服务设施的分布，政府和市场（企业）的角色以及定位，相关法律、政策的配套与完善，服务内容单一，运转机制还不灵活等，都是在发展居家养老服务中比较突出的问题（景小力，2010；罗拾平，2010；韩俊江等，2011）。

2.5.1.6　居家养老的负面影响

居家养老在提高老年人的生活质量、独立、社会参与和健康老龄化的

同时,也给老年人带来一定的负面影响。首先,老年人独自生活在家中可能会遇到许多情感上的挫折和消极的生活体验,非正式支持的衰弱、居住环境的不足、邻里与社会网络的降低都会削弱老年人独立生活的能力。其次,给老年人提供的健康和社会服务也可能是不充分和不恰当的,这都会给老年人带来一种长期的压力,从而最终破坏他们保持独立的能力。最后,居家养老也会排斥当地和养老机构的照料,从而提供给老年人一种次等的服务,并且降低了老年人对服务的可选择性,这些都是居家养老可能会给老年人带来的负面影响(Andrew,2008)。

2.5.2 主要对策建议

2.5.2.1 强调从使用者的需求出发

居家照料应该强调尊重使用者的需要,尊重他们做决定和自主的权利,可以通过发展一套简易的评估工具来了解每一位老年人的实际需要,提供多样化和有弹性的服务制度,充分满足每位老年人的实际需求(韦俏玲,2006;Yen - Jen,2008)。

2.5.2.2 提高使用者的服务认知

服务认知是不同文化传统老年人利用服务的共同影响因素。因此,提高对服务的认知水平是实现服务利用最优化的重要因素。这些干预措施可以包括服务项目宣传、社区干预计划等(Myunghan,2010)。

2.5.2.3 加强服务输送和使用的效率

服务的输送要考虑有效、适当、正确、可接受和可达到 5 个原则(Moxley,1989)。同时,在发展市场化服务时,服务的可说明性、成本的可承受性以及资源的整合性也需要被考虑进来(Chen,2007)。

2.5.2.4 发展多样化的服务形式

如远距离照护服务,尽管它没有大范围地开展,但这种服务形式的好处是很多的,它不仅可以充分利用现代信息和科技手段来确保居家老年人的生活安全，还可以扩大服务范围、节约成本（Andrew，2008）。另外，改变老年人的居住环境、让老年人搬到较低的楼层或者让老年人集中在社区中的一栋建筑中，以便更有效地提供服务，都是可以考虑的服务措施。

2.5.2.5　完善居家养老服务的配套措施

包括完善相关政策、法律制度，提高老年人的保障水平（Thomas J，1996），多渠道地筹措资金，加强社区为老服务设施，加强服务人员的素质培训，加快居家养老服务市场化的进程等（景小力，2010；Jing - Juin，2006）。

2.6　研究述评

通过对国内外有关文献的回顾，我们可以发现，居家养老已被各国普遍接受和认可，学者们围绕居家养老的概念、居家养老服务的需求与利用等内容进行了大量的研究和分析，但从国内学者对居家养老政策和居家养老服务的研究来看，还明显存在着很大的不足，主要有以下几个方面。

2.6.1　宏观研究多，微观研究少

随着居家养老政策在我国的推行，目前国内有关居家养老的研究已经有很多，包括居家养老的概念，居家养老与家庭养老、社会养老的辨析，居家养老服务体系的构建，居家养老中政府角色地位的界定，居家养老服务评估指标体系，居家养老与产业化发展等。但从总体来看，这些研究多是从宏观政策制定与实施的角度去分析与研究，大多数的研究只是对现状、问题的分析与描述，上升到一定理论高度的较少（李玉玲，2008），而且从老年人的微观视角"自下而上"地研究我国老年人在居家养老意愿、需求和服务利用方面的文献更少。

2.6.2 注重以计划性的服务供给为导向，缺乏以需求为导向的视角

无论是在政策的制定和实施上，还是在学术研究的领域和视角上，都更多的是“自上往下”地根据专家观点来评判老年人的需求，提供和输送相关的服务。这种以“计划性的服务供给为导向”的视角在很大程度上强调了老年人的同质性，忽视了老年群体之间的异质性，以需求为导向的视角还不足。事实上，不同特征的老年群体有着各自不同的养老意愿和服务需求（李玉玲，2008），在具体的服务内容、服务形式、服务时间和强度方面，不同的老年人也有不同的需求。因此，只有尊重不同老年人的意愿和需求，提供他们确实需要的服务，才能从根本上改善他们的居家生活，提高他们的生活质量。此外，从目前我国居家养老的研究来看，对家庭照料者的服务需求研究得不够，国外的许多研究已经发现，老年人的照料者不仅有着相当大的服务需求，而且照料者对老年人本身的居家养老服务需求和利用也有着相当大的影响。目前我国居家养老的政策与研究将注意力主要放在了老年人的身上，而忽略了照料者的重要作用与需求（张雅，2010）。

2.6.3 对居家养老服务利用研究严重不足

居家养老服务是推行居家养老政策的主体内容，它不仅需要从老年人的实际需求出发，为老年人提供相应的服务，更重要的是要对服务的利用效率进行评估和研究。对老年人居家养老服务利用及其影响因素的研究是目前国外相关研究的一个重点，国内却鲜有此方面的研究和分析，急需填补和丰富对中国老年人居家养老服务利用的相关研究。

2.6.4 研究方法单一，多学科交叉研究不足

整体来看，国外学者在研究居家养老问题时非常注重研究方法的选

择,包括问卷调查、实验设计等定量研究方法和深度访谈、参与式观察等质性研究方法(孙凌寒,2010;张春艳,2007)。国内的相关研究大都以定量研究为主,定性深入分析的研究还较少。另外,国内有关居家养老的研究也大都只限于人口学、老年学的角度,从心理学、社会学、经济学等多学科进行交叉研究的视角还不足。

第3章

理论架构与研究方法

3.1 研究构想

为了分析与研究中国老年人的居家养老意愿,从老年人的角度分析他们对居家养老服务的需求,以及他们在使用居家养老服务方面的情况和影响因素,本研究拟针对以下问题进行分析。

3.1.1 中国老年人居家养老意愿分析

中国老年人的居家养老意愿是怎样的?2000~2006年,中国老年人的居家养老意愿有何变化?影响我国老年人居家养老意愿的因素有哪些?老年人选择居家养老的深层次原因是什么?

3.1.2 中国老年人居家养老服务需求分析

中国老年人主要有哪些居家养老服务需求?不同类别老年人(如空巢、失能、高龄等老年人)的服务需求有什么不同?影响老年人居家养老服务需求的因素有哪些？2000~2006年，中国老年人的居家养老服务需求有何变化？照料者的服务需求有哪些？他们对老年人的居家养老服务需求有何影响？

3.1.3 中国老年人居家养老服务利用分析

目前，我国老年人在使用居家养老服务方面是一个什么样的状况？哪些因素会对老年人的居家养老服务利用产生影响？居家养老服务供给与需求之间是否一致？服务需求与利用之间是否一致？哪些因素在影响老年人居家养老服务需求、供给与利用之间的平衡？

3.1.4 中国老年人居家养老政策分析

我国居家养老政策的发展历程是怎么样的？为了满足我国老年人居家养老的意愿，满足他们的居家养老服务需求，提高他们利用居家养老服务的效率，需要在哪些方面进一步加强和完善我国的居家养老政策？

3.2 应用理论

3.2.1 个人—环境理论、人本主义的社会政策理论——全文理论基础

3.2.1.1 个人—环境理论

个人—环境理论旨在探讨个人行为改变与环境改变之间的互动关系，期望能够透过社会制度的改善与环境的改变，提高生活在此环境中的个人生活质量与生活满意度。这里的环境包含许多层面，可以指整个社会、制度、文化（Ward et al，1988），也可以指个人的周围生活环境（Krupat，1985）和人与人之间的互动关系（Hooyman et al，1993）。个人—环境理论认为人

的行为会对环境产生影响,而环境的改变也会对人的行为产生影响。

居家养老是符合我国大部分老年人养老意愿的一种行为方式,老年人的这种行为选择不可避免地会对我国的老龄政策产生很大影响。同时,无论是宏观层面的"政策环境"改变还是微观层面的"居住环境"改变,都会对老年人的居家养老生活质量产生影响。

3.2.1.2 人本主义的社会政策理论

人本主义就是一切以人为中心,一切为了人的利益,强调人是政策思考的逻辑起点的一种社会价值体系,根本出发点是为了人的权利、尊严、需要、成长、发展以及最终实现人的价值。

居家养老是符合我国绝大多数老年人意愿的养老方式,为了满足并提高老年人的居家养老生活质量,政策和服务都要从老年人本身的意愿、需求出发,这正是本文的立论基础。

3.2.2 计划行为理论——老年人居家养老意愿和行为分析的理论基础

在社会心理学中,进行态度和行为之间关系分析最常用的就是计划行为理论。1985 年,Ajzen 在理性行为理论的基础上,提出了计划行为理论(Fishbein,1963;Fishbein、Ajzen,1975;Ajzen,1985)。该理论认为:决定一个人行为的三个主要影响因素,即变量,就是行为态度、主观规范和知觉行为控制。行为态度是个体对要采取的行为喜欢与否的评价;主观规范是指一个个体在做某种行为的时候,他/她所感受到的所处社会和环境的压力;知觉行为控制是个体对要实施的行为困难程度的评价。个人因素、社会因素以及文化因素等都可能影响上述三个变量,并最终决定个体实施某行为的意向和行为(段文婷、江光荣,2008)。

计划行为理论在提出后的 20 多年里得到了广泛应用,尽管也有学者对此理论提出质疑(Bagozzi,2001;Sheeran P,1999;Rhodes R E et al,2003),

但大多数研究机构验证和支持了计划行为理论具有良好的解释力和预测(Armitage C J et al,2001)。在许多研究行为态度的研究领域里,包括饮食、运动、学习等行为方面都提供了很好的理论支撑基础。

居家养老作为一种行为选择,同样适用于这一理论框架。在分析老年人的居家养老行为及意愿时,主要利用这一理论,从行为态度(对居家养老的意愿)、主观规范(如传统观念、社会规范等)和知觉行为控制(如身体状况、经济状况等)三个方面进行分析。

3.2.3 安德森健康行为理论——老年人居家养老服务供给、需求与使用落差分析理论基础

3.2.3.1 安德森健康行为理论

如前所述,安德森健康行为理论是目前社会服务和健康服务利用研究中最常被引用的研究架构,它从多角度来诠释个人的医疗与健康服务使用行为,主要将行为预测因素分为前倾/前置、促使/能力和需求三个层面的因素。其中前倾/前置因素包括健康问题发生前已存在或不易改变的特征,包括人口特征变量,如性别、年龄、婚姻状况以及社会结构和健康信念等;促使/能力因素主要指促使或妨碍服务使用的社会与经济因素,包括收入、服务费用、服务资源与输送、家庭或社区资源的可获性等;需求因素包括对健康问题的主观感受与客观评估诊断等。

安德森健康行为模型自 20 世纪 70 年代兴起,80 年代之后被广泛应用于高龄人口医疗与健康服务利用的相关研究中。随后,其应用范围从医疗服务扩及老年人的长期照护服务等,是国外学者研究老年人健康与照料服务利用方面的一个重要理论框架。在研究我国老年人居家养老服务利用时,主要借助这一理论进行分析。

3.2.3.2 “三个失灵”理论

“三个失灵”指的是市场失灵、政府失灵和非政府组织失灵(或公益失

灵)。1958 年,学者弗朗西斯在《市场失灵的剖析》中指出,市场经济的固有缺陷是自身难以克服的,在市场机制不能正常发挥作用时,资源配置就不能达到最优状态,这就是市场失灵。造成市场失灵的原因有很多,主要是由于内在机制的功能性缺陷、垄断、信息不对称、信息不完全、外部性等。政府失灵是指由于政府自身机制的原因,会导致资源配置的低效或无效,其主要表现形式为成本过高、效用滞后、自身利益、效率低下、寻租现象造成浪费和腐败等。非政府组织失灵则主要表现在资金不足、非专业性、角色冲突、腐败问题、独立性不够等。

中国的居家养老服务是由政府主导开展起来的,但要满足居家老年人的所有服务需求,仅仅靠政府是难以做到的,包括市场(企业)、志愿组织等各个社会力量都要参与其中,才能构建一个完善的居家养老服务体系。但就目前来讲,无论是政府、市场(企业)还是非政府公益组织,在为老年人提供居家养老服务时,都存在着不同程度的"失灵"问题,造成了居家养老服务供给、需求与利用之间的落差与不平衡。

3.2.4 服务链理论——完善居家养老政策的理论基础

3.2.4.1 服务链理论

企业在为消费者提供服务时并不是孤立存在的,服务企业或者机构间存在一定的联系,就像是"链条"一样,当服务企业之间形成这种"链条"关系之后,服务企业的服务效率和服务质量就会有很大提高(刘秋生等,2011),于是 Edward G 等学者在 1999 年首次提出了"服务链"的概念(苏蕾,2007),即为了最大限度满足消费者的需求,把各种相关的企业、机构和社会部门组成起来的一个网络。

居家养老服务涉及老年人的各个方面,需要的服务主体是多种多样的,不同主体在这个服务链中的作用也不尽相同。同时,根据服务链理论,服务链具有系统性、社会性、前瞻性、主动性、相符性、完整性等特点,这都是构建居家养老服务链的重要要素。因此,在分析我国居家养老服务链的问题及对策时,主要运用这一理论进行相关的分析。

3.2.4.2 多中心治理理论

承接英国社会学家波兰尼的社会秩序理论,美国学者 Elinor Ostrom 提出了多中心治理理论。该理论认为,治理是各种公共的或私人的机构管理其共同事务的诸多方式的总和(刘峰等,2010),它意味着在公共事务的处理和公共产品的供给上,政府、社会的共同参与。多中心治理模式打破了传统政府"单中心"垄断公共事务管理的统治格局,形成政府、企业、社会团体和个人等参与的多元权力中心,通过各主体间合作、协商、建立伙伴关系等方式实施对公共事务的管理。

居家养老服务体系的建立和完善,不能仅依靠政府,或者仅依靠市场,必须通过多个社会部门的共同协作与配合,才能为居家老年人提供完善的服务,满足老年人的居家养老需求。

3.3 技术路线

根据本研究的理论架构和主要研究内容确定了如下技术路线(图3-1)。

本研究立足于从老年人的视角、以需求为导向的研究思路,重点分析我国老年人居家养老意愿、居家养老服务需求和服务利用三大内容。由居家养老意愿—居家养老服务需求—居家养老服务利用层层递进,在深入分析我国老年人居家养老意愿及其深层次原因、老年人居家养老服务需求及不同群体服务特征、老年人居家养老服务利用状况及存在问题等内容的基础上,提出加强和完善我国居家养老政策的意见和建议。

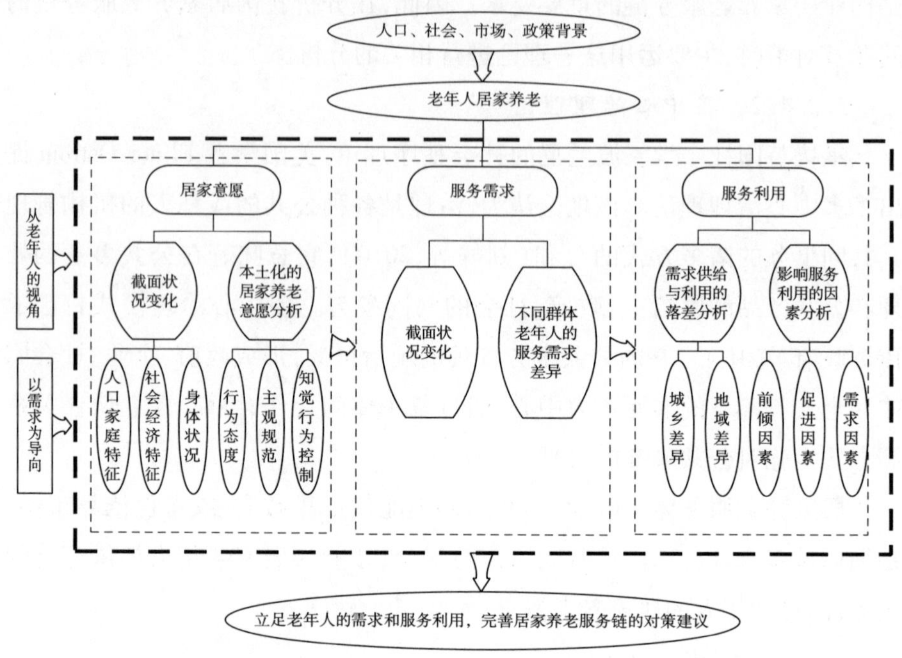

图 3－1　本研究技术路线

3.4　数据与方法

3.4.1　数据介绍

本研究使用的数据主要分为两大类,一类是定量调查统计数据,一类是定性访谈数据。前者主要是中国老龄科研中心于 2000 年和 2006 年在全国范围内所做的老年人口状况调查,后者主要是从不同角度收集到的有关老年人居家养老意愿、居家养老服务需求和利用的定性访谈数据。定量数据用以分析和代表全国情况,定性数据用以深入探讨问题的实质和存在的原因,两种数据各有所长,互为补充。

3.4.1.1　2000 年、2006 年中国城乡老年人口状况调查

这两次调查均采用分层多阶段抽样，共涉及全国 20 个省（区、市）的 160 个市（县），640 个街道（乡）、2 000 个居委会（村）。调查时点分别为 2000 年 12 月 1 日和 2006 年 6 月 1 日，共分别获得个人样本 20 255 份和 19 947份。这两次调查均进行了科学严谨的抽样设计，涉及面广，回收率高。同时，利用国家“四普”“五普”和 2005 年百分之一抽样调查的数据对两次数据进行了加权处理，其数据具有较高的科学性、可信性和代表性，可以用来代表全国老年人的总体状况。

3.4.1.2　中澳老年人生活状况比较研究课题老年人访谈资料

2008 年 5～11 月，中国老龄科研中心在安徽六安、山东新泰、辽宁沈阳、四川雅安，采取个人深度访谈和小组访谈的形式，共对 83 位老年人和 24 个焦点小组进行了访谈，访谈内容包括老年人的基本生活状况、家庭状况、经济来源状况、身体健康状况、生活照料、闲暇活动和困难需求等。

3.4.1.3　基本养老服务体系调查资料

2011 年 4 月起，中国老龄科研中心在黑龙江、江苏、湖北、甘肃、重庆等省（市）进行居家养老服务的调查研究（表 3－1）。每个省（市）选择一个城市社区和一个农村社区进行质性调查研究。共对 95 位老年人进行深入访谈，每省 20 人，城市 10 人，农村 10 人。访谈对象涵盖空巢老年人、高龄老年人、失能老年人、照料者、社区工作者等，访谈内容主要包括生活状况、健康状况、居住安排、服务需求、对现有服务的评价、对服务提供主体的认识等。

表 3－1　本研究拟利用的调查数据资料

数据	内容	优势	不足	用途
两次全国调查数据	全国20个省（区、市），回收样本量分别为 20 255 份和19 947 份，老年人的基本情况、经济、健康、照料、心理、居住、家庭户信息等	样本量大，内容丰富，有追踪数据，可以动态反映老年人的居家养老意愿、需求与服务利用的变化情况	不能提供老年人选择居家养老深层次原因的定性分析	分析老年人居家养老意愿、需求与服务利用的现状、变化及影响因素

续表

数据	内容	优势	不足	用途
中澳访谈数据	4个省共83位老年人的访谈资料,访谈内容主要包括居住意愿、照料情况、心理状况、经济来源等	访谈内容丰富,有大量关于老年人居住安排和居住意愿的资料	缺少老年人居家养老服务需求及利用的访谈内容	分析不同类别老年人的居住安排意愿和居家养老意愿
基本养老服务体系调查	5个省(市)共95位老年人的访谈资料,主要访谈内容是老年人的养老服务需求	不同类别老年人、照料者、社区工作人员对老年人养老服务的需求和看法	主要侧重对基本养老服务的需求分析,不仅包括居家养老服务,还包括社会养老服务	不同类别老年人的居家养老意愿和服务需求与利用情况

3.4.2 研究方法

就研究的整体而言,本文主要采用定量分析与定性分析相结合的方法。定量分析主要用来判断客观事实,并提出存在的问题;定性分析则主要解决对观点的支持和深度阐释。就研究的局部来说,还将采用文献研究法、纵向分析法、对比分析法和个案研究方法等。

3.5 主要创新

从"自下而上"的视角分析了我国老年人的居家养老意愿、需求与服务利用情况。

全面分析了我国老年人居家养老服务需求、供给与利用的落差及非均等情况。

利用计划行为理论、安德森健康行为理论、服务链等理论深入分析了我国老年人居家养老的原因、服务利用现状与居家养老服务在供给、输送和利用方面的问题与对策。

3.6 研究框架

根据研究框架,本研究共分为8章。第1章绪论,着重介绍本研究的背景、意义与主要目的。第2章文献回顾与述评,围绕居家养老的概念、居家养老意愿、需求与服务利用等主要问题对国内外的主要研究成果进行回顾与评析。第3章理论架构与研究方法,着重介绍本研究的理论架构与研究方法和技术路线。第4章中国老年人居家养老意愿及其原因分析,利用定量分析与定性分析相结合的方法,重点分析了我国老年人的居家养老意愿现状、变化与影响变量,并利用相关理论分析我国老年人居家养老的原因。第5章中国老年人居家养老服务需求分析,着重分析了我国老年人的居家养老服务需求方面的情况与变化,影响我国老年人居家养老服务需求的主要因素,同时利用质性研究资料,进一步分析了不同群体老年人及其照料者在居家养老服务需求方面的差异。第6章中国老年人居家养老服务利用分析,分析了我国老年人在居家养老服务利用的整体状况及影响因素,并着重分析了存在于我国居家养老服务供给、需求和利用之间的落差与不均衡状态,就影响我国老年人居家养老服务利用的主要原因进行了定性分析。第7章断裂的服务链,利用服务链理论构建了我国的居家养老服务链,并指出目前存在于我国居家养老服务链服务供给、服务输送、服务利用方面的主要问题,并就这些问题给出了相应的政策建议。第8章结论及未来研究方向,总结本研究的主要结果与论点,并指出需要进一步研究的内容。

第4章

中国老年人居家养老意愿及其原因分析

几千年来的家庭养老传统使中国老年人有着强烈的居家养老意愿。绝大部分老年人希望能够在自己的家中儿孙绕膝、安度晚年。但随着家庭规模的缩小和社会养老服务的发展，老年人的居家养老意愿也开始发生变化，一些老年人逐渐接受并选择到设施更完善、服务更有保障的养老机构中去度过晚年。由于老年人居家养老的意愿变化和发展与政府的居家养老服务设计与输送密切相关，因此，必须深入分析我国老年人的居家养老意愿、变化及其原因，以确保政策的科学合理与完善发展。

4.1 中国老年人的居家养老意愿状况

“意愿”是个体的一种主观心愿与愿望，具体到行为意愿时则表示个体对某种行为的主观心愿与愿望，尽管行为意愿不一定最终导致行为的产生，却在很大程度上影响着个体的行为实现。中国老龄科研中心在2000年和 2006 年所做的两次全国老年人口状况调查数据显示，我国老年人有着强烈的居家养老意愿。2000 ~ 2006 年，老年人选择居家养老的比例始终保持在 80% 以上，尽管在 2006 年的调查中，老年人愿意选择机构养老的比例略有上升，达到了 15.5%，但仍然有 84.5% 的老年人选择居家养老（表 4 – 1）。

从分城乡老年人的居家养老意愿来看，农村老年人受传统观念和社会养老服务滞后的影响，选择居家养老的比例明显高于城市老年人。如在 2000 年，农村老年人选择居家养老的比例达到了 85.6%，城市则为 81.4%；2006 年，农村老年人愿意居家养老的比例略有下降，但仍然略高于城市老年人。

表 4 – 1　2000 ~ 2006 年老年人的居家养老意愿状况　　单位：%

年份	全国		城市		农村	
	居家养老	机构养老	居家养老	机构养老	居家养老	机构养老
2000	84.6	15.4	81.4	18.6	85.6	14.4
2006	84.5	15.5	83.7	16.3	84.7	15.3

从不同人口、社会经济特征老年人的居家养老意愿来看，女性老年人愿意居家养老的比例较男性略高，始终保持在 85% 以上，而男性则稳定在 83% 左右；另外，文化程度较高的老年人愿意选择居家养老的比例也相对较低，这与文化程度较高的老年人接受社会养老服务的可能性更大有着一定关系（表 4 – 2）。

与低龄老年人相比，高龄老年人愿意选择居家养老的比例更高。2006 年 80 岁及以上的老年人愿意选择居家养老的比例为 85.5%，低龄老年人的相应比例则为 83.7%。高龄老年人受家庭养老传统观念的影响较低龄老年人更深，他们往往更倾向于选择居家养老，但需要注意的是高龄老年人的身体健康状况也往往更差，相应地对照料资源的需求也更大，如果家庭成员不能满足老年人的照料需求，那么他们对正式照料服务的需求就会相应增加。

表 4-2　2000~2006 年不同类别老年人的居家养老意愿状况　　单位:%

类别		2000 年	2006 年	类别		2000 年	2006 年
性别	男	83.4	83.5	**居住状况**	独居	80.6	76.8
	女	85.8	85.3		与配偶居住	82.9	84.0
年龄	60~69	83.9	83.7		与其他人居住	85.9	85.9
	70~79	85.7	85.4	**社会保障**	无	84.9	84.7
	80⁺	85.9	85.5		有	76.1	82.9
婚姻状况	有偶	83.8	84.9	**身体状况**	不能自理	87.4	83.4
	丧偶	87.0	84.9		部分自理	84.3	82.6
	离婚	77.8	66.4		完全自理	84.5	84.8
	未婚	64.1	45.8	**住房评价**	满意	86.6	85.8
文化程度	文盲/半文盲	85.8	85.4		不满意	77.5	83.3
	小学/初中	84.3	83.8	**服务项目**	2 项及以下	85.1	84.6
	高中及以上	74.6	82.5		2 项以上	80.4	83.9

婚姻状况和居住状况对老年人的居家养老意愿也有着明显的影响。未婚老年人和独居老年人选择居家养老的比例是最低的。2006 年,我国未婚老年人中愿意选择居家养老的比例仅为 45.8%,独居老年人则为 76.8%。长期以来中国老年人大都依靠家庭为其提供主要的养老资源,因此在一定程度上,家庭成员的多少与老年人的晚年生活质量有着直接关系,未婚老年人的家庭照料资源相对不足,与其他老年人相比,他们选择居家养老的可能性更低。独居老年人中大都是丧偶老年人,当配偶过世后,若来自子女的非正式支持不能及时弥补,那么独居老年人对正式照料服务的潜在需求就会逐渐提高。

从经济状况和身体状况来看,享受社会养老保障的老年人愿意选择居家养老的比例相对较低,2006 年为 82.9%,而生活不能自理的老年人选择居家养老的比例则相对较高,为 83.4%。由于我国老年人的经济收入普遍较低,一些老年人尽管有入住养老机构以提高生活质量的愿望,但难以负担入住养老机构所需的费用。另外,从居家养老服务的发展来看,仅仅依靠政府买单是不可持续的,养老服务的市场化是大势所趋,如何满足这部分低收入老年群体对正式服务的需求,是需要在进一步推进居家养老服务的过程中重点关注的。

同时,居住环境和所在社区居家养老服务的优劣也会对老年人的居家养老意愿产生较大的影响。一方面,居住环境的好坏会直接影响老年人的居家养老意愿;另一方面,老年人住所内部设施及住所周边环境和服务的条件,会在一定程度上影响老年人居家养老的质量和时间(Sixsmith,2006)。以往的研究表明,居住环境对老年人能否继续独立地生活在社区中会产生显著的影响(Thomas,1983)。居住环境的特点(如居所的面积、配置)、周围邻居的情况,都可能增进或者削弱老年人对居家照料服务的需求(Sandra,1995)。因此,在规划和设计住宅小区时尽可能多地考虑老年人的生活需要,并对原有住宅和小区进行必要的适老改造,以满足老年人对居住环境的需要,延长和提高老年人居家养老的时间和质量,是目前许多国家正在采取的措施。

4.2　中国老年人居家养老意愿的影响因素分析

4.2.1　自变量选择

利用 2006 年的调查数据,运用 Logistic 回归模型对老年人的居家养老意愿进行了分析,主要的自变量选择和处理如下。

人口因素:性别(女性 =0,男性 =1);年龄(80 岁及以上 =0,70 ~79 岁 =1,60 ~69 岁 =2);受教育程度(文盲/半文盲 =0,小学/初中 =1,高中及以上 =2);婚姻状况[①](无配偶 =0,有配偶 =1);居住状况(独居 =0,与配偶居住 =1,与其

① 2006 年的调查数据显示,我国老年人当中未婚和离婚的比例较低,各占 0.9% 和 0.4%,因此将丧偶、离婚和未婚合并为“无配偶”这个变量。在无配偶老年人当中,丧偶的比例是最高的,达到了 94.7%,无配偶老年人的分析结果在很大程度上代表了丧偶老年人的情况。

他人居住 =2)。

社会经济因素:城乡(农村 =0,城市 =1);社会保障状况(无 =0,有 =1)。

健康因素:生活自理能力①(不能自理 =0,部分自理 =1,完全自理 =2)。

居住因素:住房评价(不满意 =0,满意 =1)。

服务因素:服务项目数量(2 项及以下 =0,2 项以上 =1)。

4.2.2 回归模型结果分析

根据上文选出来的 10 个自变量对老年人居家养老意愿做 Logistic 回归分析,将所有自变量用 Forward stepwise 方法纳入回归方程,最后进入方程并且影响显著的变量如表 4 -3 所示。

从总体情况来看,方程整体拟合效果良好,所有自变量均在 0.000 的水平上对因变量产生显著影响。10 个自变量通过检验均进入了回归方程中,并且各自对因变量产生不同的影响。

从人口学因素来讲,男性、低龄、受教育程度较高的老年人,他们愿意选择居家养老的比例普遍小于女性、高龄和受教育程度较低的老年人。男性、低龄、受教育程度较高的老年人愿意选择居家养老和不愿意选择居家养老的比例明显小于女性、高龄和受教育程度较低的老年人。其中,男性、低龄、受教育程度较高的老年人愿意选择居家养老与不愿意选择居家养老的比例分别是女性、高龄和受教育程度较低的老年人的 0.875 倍、0.760 倍和 0.834 倍。而有配偶、与配偶/其他人居住的老年人,他们愿意选择居家养老的比例则明显大于无配偶、独居的老年人。如表 4 -3 所示,有配偶、与配偶居住的老年人愿意选择居家养老与不愿意选择居家养老的比例分别是无配偶和独居老年人的 1.114 倍和 1.528 倍。

---

① 2006 年调查,共调查了老年人在 ADL 和 IADL 共 16 项活动上的自理能力,回答选项包括“不费力”“有些困难”和“做不了”。我们主要根据 ADL 对老年人的生活自理能力进行分类,在 ADL 的 6 项活动中任一项回答“做不了”的即为“不能自理”,ADL 的 6 项活动中均回答“不费力”的为完全自理,其余为部分自理。

从社会经济因素来看，城市、享受社会保障的老年人选择居家养老的比例则明显小于农村、不享受社会保障的老年人。随着家庭规模的缩小和社会养老服务业的发展，许多有一定经济基础的城市老年人开始逐渐接受并选择进入专业的养老机构中颐养晚年，对于他们来讲，居家养老并不是唯一的选择。因此，与农村和经济状况较差的老年人相比，他们无论是在经济支付能力方面，还是在社会养老服务资源方面，都面临着更多的选择，因此他们愿意选择居家养老的比例也相对较低。城市和享受社会保障的老年人，他们愿意选择居家养老和不愿意选择居家养老的比例分别是农村和不享受社会保障的老年人的 0. 995 倍和 0. 911 倍。

表 4－3　我国老年人居家养老意愿的 Logistic 回归结果

	B	Sig.	Exp(B)
男性(参照类＝女性)	－0. 134	0. 000	0. 875
年龄(参照类＝80 岁及以上)			
70～79 岁	－0. 103	0. 000	0. 902
60～69 岁	－0. 275	0. 000	0. 760
受教育程度(参照类＝文盲/半文盲)			
小学/初中	－0. 110	0. 000	0. 896
高中及以上	－0. 182	0. 000	0. 834
有配偶(参照类＝无配偶)	0. 108	0. 000	1. 114
居住状况(参照类＝独居)			
与配偶居住	0. 424	0. 000	1. 528
与其他人居住	0. 592	0. 000	1. 807
城市(参照类＝农村)	－0. 005	0. 000	0. 995
有社会保障(参照类＝无社会保障)	－0. 093	0. 000	0. 911
生活自理能力(参照类＝不能自理)			
部分自理	－0. 022	0. 000	0. 978
完全自理	0. 226	0. 000	1. 254
对住房条件满意(参照类＝不满意)	0. 161	0. 000	1. 175
服务项目数量为 2 项以上(参照类＝服务项目数量为 2 项及以下)	－0. 011	0. 000	0. 989
constant	1. 230	0. 000	3. 423

老年人的健康因素与老年人的居家养老意愿密切相关。在中国传统的家庭养老观念影响下，老年人在身体能够自理时一般都愿意居住在家中，当老年人不能自理、需要别人照料时，则主要由其配偶或者子女提供照料。因此，与不能自理的老年人相比，完全自理的老年人愿意选择居家养老的比例明显较高。完全自理老年人愿意选择居家养老和不愿意选择居家养老的比例是不能自理老年人的 1.254 倍。

从居住评价和服务项目的影响来看，对住房条件满意的老年人愿意选择居家养老的比例明显高于那些对住房条件不满意的老年人。以往的研究表明，居所环境会对慢性病或者失能老年人能否继续独立地生活在社区中产生显著的影响(Thomas,1983)。当一个社区可以通过有效的健康和居住服务对老年人提供支持时，老年人就会更加愿意住在这个社区，如果一个社区仅仅被设计为适合年轻和能够自理的人们居住，那么当居住在那里的人们渐渐老去时，他们就更可能会经历健康的恶化，增加隔离感和需要额外的公共和私人资源。因此，为了让老年人尽可能长地留在自己熟悉的家中和社区中养老，许多国家会通过各种方式对老年人现有的居所进行适老改造，从而更有利于老年人居家养老的实现。但需要注意的是，社区服务项目数量的多少与老年人的居家养老意愿并没有呈现正向相关关系。

4.3　中国老年人居家养老意愿的深层次原因分析

随着现代社会的发展以及多元文化价值观的涌入，无论是老年人还是年轻人，他们的传统文化价值观也在发生着改变。那么，这种文化基础还在多大程度上影响着老年人的居家养老意愿，或者说影响老年人居家养老意愿的深层次原因究竟还有哪些？这是需要深入研究与分析的。按照计划行为的理论，一个人的行为态度、他所受到的主观规范和他在实施一项行为时的行为控制能力是影响个体行为的主要因素。居家养老也是老年人的一种行为意向,同样也是多方面因素综合影响下的结果,任何一种因素的改变,都有可能改变老年人居家养老的意愿,并进而影响其对国家养老政策和养老服务的需求。因此,深入分析老年人居家养老意愿的原因,是准确判断老年人居家养老意愿和养老服务需求的重要基础。

4.3.1　研究方法

在社会科学研究领域中,定量研究和质性研究有着同样重要的地位。定量研究可以借助大量的统计数据,让我们准确把握事物的整体;质性研究则为我们提供了一种深入理解事物发展、变迁和内部关系的途径,更适合在微观层面上对个别事物或现象进行深入、细致和动态的分析(陈向明,2000)。老年人的居家养老意愿是由其人生的客观经历和主观体验交织关联而产生的,这正是社会科学的研究焦点,因此,在用定量数据分析和研究老年人的居家养老意愿及其影响因素之后,再用质性研究的方法探究其背后的深层次原因,更能使我们对中国老年人的居家养老意愿有一个全面的认识和思考。

4.3.1.1　研究对象

2008 年与 2011 年,中国老龄科研中心进行了两次关于老年人生活状况和养老服务需求与利用的质性调查研究。为了尽量收集到不同地区、不同类别老年人的准确信息,研究组在兼顾地区代表性和工作网络便利性的基础上,于 2008 年在安徽(六安)、山东(新泰)、辽宁(沈阳)、四川(雅安)四省对 83 位老年人进行了深度访谈,2011 年又在湖北、江苏、甘肃、重庆和黑龙江五省(市)对 95 位老年人进行了深度访谈。访谈对象均为 60 岁及以上的老年人,包括空巢、独居、高龄、失能、残疾、老年妇女等众多类型,在年龄、性别上也尽可能做到合理分布,以使收集到的信息更具有代表性和普遍的研究意义。

4.3.1.2　资料收集

本研究主要以一对一的个人深度访谈为获取研究资料的主要方法。

作为非结构性访谈和半结构性访谈的一种,一对一的个人深度访谈是更好地观察与了解被访者反应和收集信息的一种访谈方式。为了更好地获取信息,项目组在实施深入访谈时,主要遵循了以下步骤。

一是设计半结构性的访谈大纲。首先,根据研究内容的需要,在事先研究相关文献的基础上,根据研究者的实践经验,拟定初步的访谈提纲;其次,由研究人员进行试调查,以便进一步完善访谈提纲并熟悉访谈时可能遇到的问题;最后,完善修改访谈提纲。

二是强化研究者的角色定位。在质性研究中,研究者的个人因素是非常重要的,只有客观、中立的态度和娴熟的访谈技巧才能收集到准确、丰富的访谈资料。笔者所在的研究组,研究者都是长期进行老龄科研工作的专业人员,对老年人有较为深入的了解,在访谈技巧上也有丰富的实践经验,能够明确研究者的角色定位,在很大程度上保证了访谈资料的可靠与准确。

三是进行访谈。2008 年的 5 月、6 月、10 月和 11 月,项目组人员分赴安徽、山东、辽宁和四川进行实地访谈,2011 年 4 月、5 月、7 月和 8 月,项目组人员则分赴湖北、江苏、甘肃、黑龙江和重庆进行实地访谈。所有访谈都是在征得被访者的同意,并签署了“知情认定书”的前提下开展的,访谈地点大都在被访者的家中,访谈时间一般为 1 ~ 1.5 个小时,如有信息不足或缺失的情况,再与被访者沟通进行回访,直到信息饱和为止。在征得被访者的同意之后,对访谈过程全部进行了录音。同时,研究者在对老年人进行访谈的同时,还要对整个访谈过程中的所见所闻进行记录,并形成观察笔记,为后期研究还原场景、丰富素材。

4.3.1.3 资料整理与分析方式

一是对录音资料进行翻录。由于访谈对象比较多,研究组聘请了专门的翻录公司对录音资料进行翻录与整理,在翻录成文本文档后,由当时的访谈者根据录音对翻录出的文本进行核实、补充与修改。

二是认真阅读访谈资料，进行初步分析。按照个案式整理方式将访谈资料按照每个个案来分别整理，结合当时研究者所做的观察笔记，对每个个案的访谈资料进行仔细阅读与分析。根据研究内容建立核心类属变量，在阅读中寻找与这些核心类属关系密切的子类属，并同时寻找与研究内容相关的主题词、句与段落，再根据这些不同的主题对访谈资料进行“贴标签”和分类汇总处理，完成初步分析。

三是深入分析与提炼主题。在完成初步分析的基础上，对寻找出来的重要词、句与段落进行深入分析，并提炼主题，分析其内在关系与联系，完成对研究内容的深入分析。

4.3.2　理论架构

在研究时采用计划行为理论。居家养老作为老年人的一种行为意愿和行为选择，不仅受到老年人对居家养老这一行为态度的影响，还受到个体在执行这一行为时的社会规范的影响，包括文化传统观念、社会价值观念、他人或团体对老年人个体行为决策的影响等。另外，知觉行为控制，如老年人对自身身体、经济等状况的认知也会在一定程度上影响自己的养老方式选择。因此，本研究在对老年人居家养老意愿进行质性研究时，主要根据这一理论架构来进行分析（图4－1）。

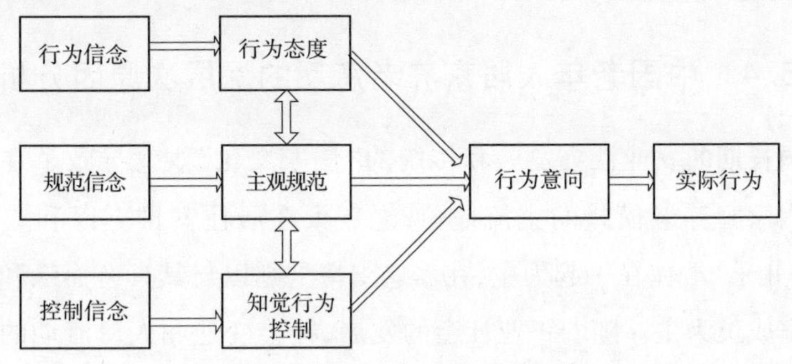

图4－1　计划行为理论结构模型

4.3.3　数据来源与介绍

4.3.3.1　中澳老年人生活状况比较研究项目数据

2008 年,中国老龄科研中心与澳大利亚新南威尔士大学合作进行了中澳老年人生活状况比较研究项目,项目采用质性研究的方法,重点了解在社会快速转型过程中的中国老年人在生活状况、养老方式、服务需求等方面与澳洲老年人的差异与不同。其中,对中国老年人的深度访谈资料收集和数据分析由中国老龄科研中心承担。

4.3.3.2　城乡基本养老服务研究项目数据

2011 年,中国老龄科研中心开展了城乡基本养老服务研究项目,旨在了解和分析城乡老年人的生活状况、养老服务需求与服务利用情况,以便为国家建立基本养老服务体系提供决策建议。根据项目计划,项目组选择了黑龙江、江苏、湖北、重庆、甘肃五个省(市)作为研究点,每个研究点选择一个城市社区、一个农村社区进行实地调研和访谈,每个社区分别选择9 名老年人和一名社区工作人员进行个人深度访谈,实际被访者数量为 95 位。被访的老年人当中包括高龄、失能、空巢、独居和老年人的照料者等不同类型,访谈内容包括老年人(及其照料者)的基本信息、经济、健康与心理状况、养老意愿、服务需求与评价、服务利用等情况。

4.3.4　中国老年人居家养老意愿的深层次原因分析

中国长期的农业社会发展和传统的“儒家文化”观念导致了在很长一段时期内家庭养老模式的主流地位,老年人在居住安排上以和成年子女(主要是儿子)居住在一起为主,在养老支持上则以与其具有血缘和亲缘关系的家庭成员为主。随着工业社会的发展、社会变迁和人口流动的加剧以及社会保障水平的提高,老年人的需求开始更加多元,可供选择的养老方式也更加多样,他们在居住安排上开始由和子女共同居住转向与子女分开居住(宋宝安,2006;陈建兰,2010;曾毅等,2004;Chen,2002),也有一些老年人开始主动选择机构养老方式,依靠社会化的养老模式安排自己的晚年生活。

但就大部分老年人来讲,居家养老仍然是他们的首要选择。这其中有传统观念的影响,也有老年人主观态度和生活方式选择的影响。如果说在传统农业社会中老年人的居家养老是不可避免和理所当然的,那么在社会养老服务逐渐发展和完善的现代工业化社会,老年人选择居家养老的原因就丰富和多元起来。作为老龄政策的主体对象,老年人的意愿和选择是至关重要的。我国目前正在大力发展以居家为基础、社区为依托、机构为补充、医养相结合的社会养老服务体系,这是国家应对人口老龄化问题的战略决策和一定时期内的老龄政策走向。政策的主要现实依据是中国老年人大都愿意居家养老,居家养老不仅有利于保证老年人的生活质量,还能在一定程度上减轻政府和社会的养老重担,政策的前提假设是老年人的居家养老意愿是坚定并且可持续的。因此,弄清楚老年人的真正养老意愿及其背后的原因,不仅是分析老年人居家养老服务需求的需要,更是判断我国居家养老政策长期性、稳定性和可持续性的需要。

4. 3. 4. 1　行为态度

态度是社会心理学中的核心概念。在早期的态度研究中,态度是决定个体行为的关键变量,对某一行为的态度越积极,行为意向就越大,实施该行为的可能性就越大。尽管随着态度和行为关系研究的逐渐发展,学者们对态度与行为预测之间关系的观点并不一致(LaPiere,1934;Wicker,1969),但态度对行为意向的影响作用毋庸置疑(Fishbein,1963;Fishbein et al,1975;Ajzen,1985、1991)。

对于我国老年人来讲,他们居家养老的态度是积极的。这种积极的态度由两部分构成:一是在对中国传统养老方式接受与认可的基础上,对居家养老方式的积极肯定;二是基于对机构养老这种社会化养老方式的负面认识与消极态度所导致的对居家养老的欢迎与肯定。

1）对居家养老的积极态度

中国老年人讲究“子孙绕膝”“叶落归根”，老年时图个“老窝、老本、老人”，也就是希望有个家、有点钱、有些老朋友。因此，他们大都喜欢待在自己熟悉和经常生活的地方，有家庭的亲情，熟悉的环境和稳定的人际网络，从而在心里产生安全感和归属感。

可以享受家庭亲情。精神慰藉是老年人晚年生活质量的重要保障，以往的众多文献表明了精神心理状况对老年人生活质量和生活满意度的重要影响作用（周绍斌，2007；穆光宗，2004；李瑞芬等，2006），而来自家庭成员的亲情和心理慰藉对老年人的精神需求和心理安全无疑是最主要的。因此，许多老年人选择居家养老的一个重要原因就是对家庭亲情的眷恋与渴求。

山东的 LML 老人已经瘫痪在床 5 年多，老伴也在两年前去世了，平时依靠儿媳照料，基本上不下床，尽管知道养老院里照顾得很周到，而且子女也有送她去养老院的想法，但她依然坚持选择居住在家中养老。

山东 LML：“儿女想让我去养老院，那里人照顾得也周到，但我不同意去。人都有习惯，我和老头在这里待了很多年，老头死在这儿，我也想死在这儿……就想在家，儿女都在身边，去养老院轻易见不到儿女，我就是习惯了孩子们都围着我。”

而来自孙辈的亲情也是一些老年人不愿意离开家的原因之一。

重庆 LTM：“不想去养老院。我想跟我孙女在一起。”

江苏 YQX：“总归是自己的家，自由一点儿，住家里，子女住得不远，他们能经常来看看我们，心里踏实一点儿。”

可以独立自主地支配个人生活。尽管专业性的养老机构可以为老年人提供充足的照料服务，但大部分老年人还是希望能够在自己的家中度过晚年，这其中一个重要的原因就是老年人认为在自己的家中可以更加自由，保持自己独立、自主的空间（Thomas，1996；贾雪华，2009；Ruthanna et al，1997；Forbes，1998）。

黑龙江的高龄独居老人 CZ 已经 90 岁了，老伴去世将近 30 年，在谈到对家的认识时，他说："家有方便的地方，还是在家里好。自个儿一个小屋，随便……到养老院，没人管。"

对于这些老年人来讲，自由自在地在自己的家中生活是最开心的，他们可以按照自己的意愿安排日常生活，包括饮食、休闲、睡眠等，在生活不能自理的情况下，他们也更愿意由子女或者是雇人来照料，但前提是不离开自己能够自主决策的家庭。

有熟悉的环境和人际关系。对于许多老年人来讲，"故土难离"的一个重要原因就是在原来的生活环境中能够拥有自己熟悉的社会关系和网络（Melanie，2009；Chapman et al，2001；Van et al，2007）。一旦离开这个环境，就意味着需要适应新的环境和人际关系。老年人由于生理状态、感觉功能和认知能力等方面的变化，往往很难适应陌生的新环境，因此他们往往更愿意居住在自己的家中，生活在稳定的社会关系里。

江苏独居老人 MBX："还是住自己家比较好，可以自己烧饭，可以去打麻将，有很多认识的人。"

对于 MBX 老人来讲，生活在自己的家中，不仅子女可以经常回来看望他，更重要的是每天都可以看到村子里的人跳舞、打拳，尽管自己由于腿部残疾并不能参与其中，但看到熟悉的人们依然感到开心。而"镇上的敬老院"对他来讲则是"不熟悉"的，是"一个镇上的老人"聚集的地方，不再是他熟悉的"小村子"，也不再是他认识和熟悉的"自己人"和"村里的人"了。

能够满足安全感和归属感。人本主义心理学把安全感看作一种人格特质，认为它是决定心理健康的重要因素。美国心理学家马斯洛在其最著名的需求理论中也将人的需求由低到高分为五种，即生理需求、安全需求、情感和归属需求、尊重需求和自我实现需求。老年人由于社会角色的中断、身体功能的衰退以及一些疾病和重大事件(如丧偶、亲人去世)的影响,很容易产生焦虑、抑郁、悲观和恐惧的情绪,更加依赖家庭、亲人和熟悉的环境能带给他们的安全感和归属感,也因此决定了他们往往更倾向于选择居家养老,而非搬到陌生的养老机构中生活。

黑龙江 WQK:"说到家,再怎么也离不开,关键是自己的家。你一进那屋(养老院),仨人也好,两人也好,那毕竟是外人。你在家不愿意走,吃口咸的,也比那儿强,心里踏实,穷富总得有个家。"

山东 GYL:"要是我不能动了,闺女怎么着都不能不管吧。但我还是希望待在自己住的地方,踏实,我不愿意去女儿家,也不愿意去养老院。"

对于这些老年人来讲,"家"的最大意义就是能够赋予自己一种踏实感和归属感,而这种感觉对于老年人构建个人安全感是非常重要的,因此,他们大都不愿意离开自己的家,以避免打破这种个人—环境相适应之后带给自己的情感安慰和心理安全。

2)对机构养老的消极态度

我国老年人对养老院的印象大都是负面的,他们大都认为养老院是没有子女或是子女不孝顺的老年人才会去住的。尽管近年来我国的社会养老机构发展较快,许多老年人对养老机构的印象也有了很大改观,但总体来讲,老年人对机构养老的态度还是比较负面的,这也在很大程度上导致了老年人更多地选择居家养老,而非机构养老。

限制人身自由和爱好。正如前文所述,很多老年人喜欢自主地安排自己的晚年生活,过的是自己一个人或是一家人的生活,但在养老院中要过集体生活,要遵循院里的规定和统一安排,这被许多老年人认为是"不自由"和"受约束"的。

江苏 GP:"老年人嘛,就是想干啥就干啥。我将来不会动弹了也不去那里,去那儿就像个笼子。在家,范围比较大,视野比较广,这样高兴啊,打打牌，自由一点儿。”

随着经济社会的发展和老年人个人经济水平的改善，老年人更加愿意选择独居、夫妇空巢这种居住安排，尤其是那些拥有更多经济资源、身体和社会功能状态更好的老年人（Costa，1999；McGarry et al，2000），他们不仅不愿意与子女生活在一起，也不愿意去养老机构中过集体生活。正如在访谈中老年人谈到的那样，生活习惯、饮食方式、娱乐爱好等都是影响他们选择养老方式时考虑的因素。

没有亲情，容易孤独。机构养老中亲情的缺失是老年人最常担忧的事情，尤其是对我国老年人来讲，选择机构养老就意味着与子女的距离远了，而家庭亲情的减少也更容易让老年人感到孤独和寂寞。

山东独居、空巢老年人组：“是啊，在老年公寓也不错，愿意玩就玩，可是不如和子女在一块儿生活。在老年公寓，一个是远，另外过个生日什么的不如在家里吃饭舒服。”

安徽ZZY：“如果是疗养院，收费不太高，去疗养几个月还可以，但常住不行，到时候也会比较孤寂，大家都不认识，在这里（社区）大家都很熟悉。”

陌生的人际关系。环境是影响人类行为和健康的重要因素，这里的环境不仅包括自然环境，也包括了社会环境和人际交往环境。根据个人—环境理论的观点，如果个人的需要和环境的特点保持平衡，那么他就会感到极大的幸福，反之，就会有许多不适的反应和消极的后果。老年人之所以倾向于选择自己熟悉的环境生活，一个重要的原因就是他已经与这种环境达成了某种平衡，若要适应一个新的环境就要建立一种新的平衡，包括适应新的房间、新的社区以及新的人群。

湖北LJ：“我觉得去养老院养老没有自己在家舒服自由。我侄儿、侄女接我过去住，我都不愿意去，因为个人习惯不一样。我喜欢自己住，自己住比较自由，思想上没有压力。所以说我就没有想去养老院。我在电视上看

到，养老院都是两三个人住一个宿舍，关系相处得好还行，相处得不好就麻烦，那样的话生活起来就会不方便，再说老人多少有点毛病，怕到时候相处不好更难过。”

黑龙江 LXH：“有些人愿意待，我还待不住，不太习惯。”

在上述老年人的眼中，选择机构养老就意味着要重新和一些自己不熟悉的陌生人居住在一起，要调整自己的生活方式，适应彼此的生活习惯，包括限制自己的某些生活爱好和安排，如饮食爱好、养宠物的爱好等，这是一些老年人所不愿意面对的情况。因此在这种情况下，他们往往更多地选择居家养老，或者在自己身体不能自理时选择家人在家中为他们提供照料，而不愿去养老机构中寻求帮助。

负面的经验和认识。由于我国的社会养老服务还不完善，在发展的过程中并无很好的监督和评估标准，在服务内容、服务质量和服务队伍上都存在着很多的问题和弊端，因此，一些老年人对养老机构的负面印象很深。在访谈中，有些老年人也谈了自己或者身边其他老年人的一些经历和遭遇，这也在一定程度上影响了他们对养老方式的选择。

黑龙江的 XGF 老人曾经和老伴一起在养老院居住过两年，但这段经历是老人非常不愿意谈起的。在谈到这段经历的时候，老人眼里似乎总闪着泪光。前些年，老人曾经和老伴一起去过当地一家养老院，但最终因为和院方发生矛盾搬出养老院。老人解释是因为养老院的饮食安排并不像当初承诺的那样既营养又经济实惠，而是非常昂贵，超过外面的价格水平，配餐也不合胃口。这样一来，老人对养老院的印象极差，甚至是心有余悸。

还有一些老年人则是通过身边老年人在养老院的经历而对机构养老产生了负面的认识和评价，从而影响了自己对养老方式的选择。

对于一些照料者来讲，养老院的服务质量也是他们所担心的。黑龙江的 YYH 老人已经照顾失能的老伴 11 年了，尽管自己的身体已经有些吃不消了,但她仍然不愿意将老伴送到养老院。

黑龙江 YYH:“我也想过送养老院,但到了那儿,能像我这么伺候吗,能像我这样按时该吃就吃,该喝就喝,啥都不落?”

黑龙江 PM:“主要是怕虐待老人,其实不牵扯到费用,还是寻思老人去了那儿不放心,怕那边照顾不好。”

这种对养老机构的负面认识和经历,在很大程度上影响了老年人对养老方式的选择。从访谈的整体情况来看,大部分老年人对居家养老的态度是积极和正面的,而对养老机构的负面印象和态度也从另一方面加深了老年人对居家养老方式的接受和认可。老年人对居家养老的行为态度和行为评价包括享受家庭亲情、自主支配个人生活、熟悉的环境和人际网络带给自己的安全感以及家所赋予老年人的归属感和踏实感等,这都会从正面的方向影响老年人对居家养老的行为意向和行为选择。

4.3.4.2　主观规范

主观规范是指个体所在社会对他行为意向所产生的社会压力。对于中国老年人来讲,“养儿防老”的传统观念和“孝”文化的根深蒂固是影响老年人选择居家养老的主要主观规范。有学者认为孝文化是中国最重要的文化之一,是中国文化的基础(杨国枢,1989;唐咏,2007),也是中国几千年来家庭养老模式的文化根基,甚至在社会变迁和价值多元迅速发展的今天,“孝”文化仍然是中国老年人晚年生活的重要保证,是影响老年人养老方式选择的重要因素 。

黑龙江 ZQF:“我有儿有媳妇,我上养老院干啥。那都是没着落的人去的,有孩子的都没去。”

安徽隔代老年人小组:“‘五保之家’只是给‘五保’老人集中供养的地方,现在有儿有女的老人不让去,儿女也不会让去;有儿有女的不会去,影响不好,人家会说你有儿有女的还要去养老院,养儿女干吗用了?”

在老年人的观念中，尤其是农村老年人的观念中，"养儿防老"的想法还是根深蒂固的。在谈到是否愿意去养老机构时，大部分老年人认为那是没有子女的老年人的选择，有子女的老年人一般不会选择去养老院居住，因为在社会大众的眼里，子女是负责赡养老年人的主体力量。

黑龙江 WGY："好几个孩子，一说爹妈上养老院，有点寒碜。"

被访者子女："养老院，听说过，但是我们不同意送父母到养老院去，感到那样好丢脸。"

传统文化和"孝"观念对于中国老年人选择居家养老的行为是有着积极的促进作用的。一方面，"养儿防老"的思想使老年人更愿意相信子女对自己晚年生活的保障，即便是在老年人能够生活自理时他们更愿意和子女分开居住，但当老年人生活不能自理时，他们大都还是会选择和子女居住在一起，由子女为他们提供照料；另一方面，"孝"文化不仅决定了老年人在选择养老方式上更倾向于居家养老，社会舆论压力也限制了老年人对机构养老的选择。在访谈中，也有一些老年人表示为了不拖累子女而愿意选择去养老院生活，但子女明确表示反对，这里面主要的原因就是"孝"文化的约束。

4.3.4.3　知觉行为控制

知觉行为控制是指个体对所要实施行为的难易程度的一种判断。在养老方式的选择上，老年人认为居家养老更容易执行和实施，机构养老则需要有一定的经济条件。

安徽 DYC："如果养老院各方面条件都能跟得上的话，到养老院也没什么不好，但观念还没有彻底改变过来，现在好一点的养老院收费太高，大部分人的经济条件没达到这个程度。比如，我老伴，要是送到养老院的话，她一个人的退休工资全部交给人家都不够。所以我不想去养老院，依我的条件，两个人的全部退休金得全部搭进去。"

山东 WDL 老人的照料者（儿媳）："有钱去养老院是可以的，但哪有这么多钱啊，一个月得一千多元，像她（WDL）这样的，光护理费就得千把块钱，去了房费、吃喝，哪有这么多钱啊？”

由于我国老年人的经济收入总体还比较低，而养老服务社会化和市场化又决定了养老机构必须有一定的营利空间，在这种情况下，一部分老年人并不能实现机构养老的愿望，只能选择居家养老。

第 5 章

中国老年人居家养老服务需求分析

老年人是一个以年龄为划分标准的群体，这个群体有其共性，也有其个性。由于老年群体包含多个不同特征的子群体，每个子群体因其职业、文化、家庭和经历的不同，又表现出不同的群体特征和需求重点。本章首先利用全国调查数据，从整体上分析老年群体居家养老服务需求的特点与变化，随后利用质性研究的方法，探讨了不同群体老年人的实际生活状况与服务需求，以求对老年人的居家养老服务需求有一个全面了解与认识。

5.1 中国老年人居家养老服务需求状况分析

5.1.1 中国老年人居家养老服务需求的现状及趋势

根据目前各地开展居家养老服务的主要项目，结合老年人在生活、医疗、照料、护理、精神慰藉等方面的主要服务需求，中国老龄科研中心在2006

年的调查中共调查了老年人对上门做家务、上门护理、上门看病、聊天解闷、老年饭桌等10项居家养老服务项目的需求情况。对数据分析后得出以下结论。

我国老年人对居家养老服务的需求较大。如表5-1所示，其中需求最高的项目是上门看病，有需求老年人的比例达到了56.4%，其次是聊天解闷，需求比例为39.0%，其他需求较高的项目分别为上门护理（30.5%）、上门做家务（29.0%）、法律援助（22.2%）和康复治疗（21.0%）。从分城乡的情况来看，城市老年人需求比例最高的项目分别是法律援助（22.2%）、康复治疗（21.0%）和上门看病（20.5%），其他需求比例较高的项目分别为上门做家务、老年人服务热线和聊天解闷等；而农村老年人需求比例最高的项目是上门看病（67.8%），其次为聊天解闷（46.8%），其他需求比例较高的项目分别为上门护理（35.9%）和上门做家务（32.2%）。可见，城乡老年人需求较高的居家养老服务项目主要集中在医疗、康复护理、精神慰藉和法律维权等方面，其中城市老年人更侧重于权益保障和医疗康复，农村老年人更侧重于医疗卫生和精神慰藉。与城市老年人相比，农村老年人对居家养老服务的需求更加强烈。在上门看病、聊天解闷、上门护理和上门做家务这4项服务需求上，农村老年人的需求比例明显高于城市老年人，分别比城市老年人高47.3个、30.0个、22.1个和13.4个百分点。

从两次调查的对比数据来看，我国老年人对居家养老服务的需求正在不断提高。2000年我国老年人对上门做家务、上门护理、上门看病、聊天解闷的需求比例分别为18.4%、19.3%、53.7%和29.7%；到了2006年，老年人的需求比例则分别上升到29.0%、30.5%、56.4%和39.0%，短短6年间老年人对这4项居家养老服务项目的需求比例分别提高了10.6个、11.2个、2.7个和9.3个百分点。

另外，从分城乡老年人的服务需求来看，农村老年人的居家养老服务

需求上升得更为明显。2000～2006年，城市老年人在上门做家务、上门护理、聊天解闷这3项服务上的需求比例分别上升了4.0个、1.4个和3.7个个百分点，而农村老年人则上升了12.8个、14.6个和12.0个百分点，远远高于城市老年人的上升比例。

表5－1　中国老年人居家养老服务需求情况　　单位：%

服务项目	全国		城市		农村	
	2000年	2006年	2000年	2006年	2000年	2006年
上门做家务	18.4	29.0	14.8	18.8	19.4	32.2
上门护理	19.3	30.5	12.4	13.8	21.3	35.9
上门看病	53.7	56.4	22.2	20.5	63.3	67.8
聊天解闷	29.7	39.0	13.1	16.8	34.8	46.8
老年人服务热线	11.0	17.1	11.0	17.1	—	—
老年饭桌/送饭	8.0	11.5	8.0	11.5	—	—
陪同看病	11.3	13.0	11.3	13.0	—	—
日常购物	10.3	10.9	10.3	10.9	—	—
康复治疗	—	21.0	—	21.0	—	—
法律援助	—	22.2	—	22.2	—	—

长期以来的城乡二元经济结构使得农村地区无论是在经济发展程度、人民生活水平等方面，还是在社会保障制度和公共服务体系等方面都远远滞后于城市地区。加之城市化进程的加剧和城乡人口流动的频繁，农村人口空心化的现象更加严重，农村老年人对养老服务的需求更加强烈，这既是农村地区配套服务设施长期滞后的历史遗留问题，也是新时期下社会养老服务城乡不均等的一个新问题。不断满足农村老年人日益增长的养老服务需求，是在进一步推进我国居家养老服务体系和实现基本公共服务均等化的过程中必须面对和解决的问题。

5.1.2 中国老年人居家养老服务需求的群体差异

老年人的居家养老服务需求是多样的，包括日常生活、生活照料、医疗卫生、精神慰藉、社会参与等多方面的服务需求，而在众多服务需求中，又以日常生活照料、医疗、护理和精神慰藉方面的需求最基本和普遍。有学者将养老服务分为基本养老服务和非基本养老服务两种，认为基本养老服务主要是由国家免费或低费为全体老年人提供的适度、普惠型的基础性养老服务，主要是为了满足老年人在日常生活、生活照料、医疗卫生和精神慰藉方面的基本服务需求；而非基本养老服务主要是由老年人个人或其家庭为提高老年人的生活质量而付费购买的、超出基本养老服务需求范围或水平的其他养老服务（魏津生，2010）。尽管目前关于基本养老服务和非基本养老服务的范围和内容还没有明确的划分，但根据多数学者的观点和看法（魏津生，2010；李晶等，2011），笔者在这里借用基本养老服务和非基本养老服务这种对养老服务的划分方法，将2006年调查的10项居家养老服务项目划分为两类，一类为基本居家养老服务项目，主要包括上门做家务、上门护理、上门看病和聊天解闷这4项；另一类为非基本居家养老服务项目，主要包括老年人服务热线、老年饭桌、陪同看病、日常购物、康复治疗和法律援助这6项，具体分析不同老年群体在居家养老服务需求方面的差异。

表5－2中是不同老年群体在基本居家养老服务需求方面的情况，从表中的数据可以看出，女性、高龄、文化程度较低、无偶、经济状况较差、生活自理能力较差的老年人，他们在基本居家养老服务项目的需求比例明显高于男性、低龄、文化程度较高、有偶、经济状况较好、生活自理能力较高的老年人。

从分性别老年群体的情况来看，女性老年人中对基本居家养老服务需求的比例要略高于男性，但总体相差不大；高龄老年人在基本居家养老

服务项目上的需求比例明显高于低龄老年人，尤其是在上门看病这一项目上，高龄老年人的需求比例高出低龄老年人 6.1 个百分点；教育程度低的老年人在基本居家养老服务项目上的需求比例远远高于教育程度高的老年人，在上门做家务、上门护理、上门看病和聊天解闷这 4 项服务需求上，前者的需求比例分别高出后者 10.4 个、20.0 个、43.3 个和 24.2 个百分点；与有偶老年人相比，无偶老年人的服务需求比例也明显较高；而对于生活不能自理的老年人来说，他们对基本居家养老服务项目的需求比例更远远高于生活自理老年人，尤其是有超过一半（50.8%）的生活不能自理老年人都有聊天解闷方面的需求，可见生活不能自理老年人不仅在医疗、护理和生活照料方面有着较高的服务需求，其在精神慰藉方面的需求也不容忽视。

表 5－2　老年人在基本居家养老服务需求方面的情况　　单位：%

分类	上门做家务	上门护理	上门看病	聊天解闷
性别				
男性	28.2	28.9	55.3	38.7
女性	29.7	32.0	57.4	39.4
年龄组（岁）				
80⁺	30.2	32.7	60.8	38.4
70～79	29.1	31.7	57.8	39.1
60～69	28.7	29.4	54.7	39.1
教育程度				
文盲/半文盲	33.3	36.9	67.2	45.4
小学/初中	25.6	26.1	50.2	35.6
高中及以上	22.9	16.9	23.9	21.2
婚姻状况				
无偶	31.6	34.4	59.7	43.6
有偶	28.1	29.3	55.3	37.6

续表

分类	上门做家务	上门护理	上门看病	聊天解闷
居住安排				
独居	31.6	31.2	44.8	32.3
与配偶居住	27.0	27.1	54.7	34.0
与其他人居住	29.8	32.2	57.9	42.0
经济状况				
困难	33.6	36.2	63.9	45.1
一般	27.1	28.6	54.2	37.2
宽裕	23.5	22.2	43.9	29.7
生活自理能力				
不能自理	37.0	40.9	67.1	50.8
部分自理	36.0	37.7	63.5	46.0
完全自理	27.1	28.5	54.3	37.0

在非基本居家养老服务需求方面，则呈现与基本居家养老服务需求略有不同的方面，表现出男性、低龄、文化程度较高（小学/初中）、有偶、与配偶居住老年人的需求相对更大的特点，但对于经济状况较差和生活自理能力较差的老年人来讲，他们对于非基本居家养老服务的需求比例大部分仍然高于经济条件较好和生活自理能力较强的老年人（表5-3）。

表5-3　老年人在"非基本居家养老服务需求"方面的情况　单位：%

分类	服务热线	老年饭桌	陪同看病	日常购物	康复治疗	法律援助
性别						
男性	17.2	12.0	13.7	11.1	21.6	22.0
女性	17.0	11.1	12.4	10.7	20.5	22.4
年龄组（岁）						
80^+	15.2	10.2	12.8	11.4	17.2	18.0
70~79	17.0	11.5	13.1	12.1	21.5	22.1

续表

分类	服务热线	老年饭桌	陪同看病	日常购物	康复治疗	法律援助
60～69	17.4	11.8	13.0	10.1	21.4	23.1
教育程度						
文盲/半文盲	15.4	11.1	13.1	11.6	19.0	20.8
小学/初中	17.6	12.0	13.3	10.7	21.9	23.1
高中及以上	17.0	10.6	12.1	10.9	20.5	21.3
婚姻状况						
无偶	17.0	12.2	13.1	11.2	20.1	20.1
有偶	17.1	11.4	13.0	10.8	21.3	22.7
居住安排						
独居	15.8	13.5	13.7	10.4	21.7	22.3
与配偶居住	17.9	11.8	14.2	11.8	24.5	23.0
与其他人居住	16.5	11.1	12.0	10.2	18.1	21.6
经济状况						
困难	18.1	14.4	14.9	13.3	21.1	20.5
一般	16.8	10.3	12.2	10.3	21.3	23.0
宽裕	16.6	12.2	13.6	10.0	20.4	22.2
生活自理能力						
不能自理	21.4	17.6	19.8	19.4	26.2	24.2
部分自理	17.5	12.2	14.4	12.4	22.1	23.9
完全自理	16.8	11.1	12.4	10.2	20.6	21.9

为了更加直观地看出不同老年群体在居家养老服务需求方面的差异，笔者重新构建了3个新的变量，即居家养老服务需求、基本居家养老服务需求和非基本居家养老服务需求。其中，居家养老服务需求主要根据老年人是否需要10项服务来进行分类，即在这10项服务中任一项回答“需要”

的即为“需要”居家养老服务；基本居家养老服务需求主要根据老年人是否需要上门做家务、上门护理、上门看病和聊天解闷这4项服务进行分类，即在这4项服务中任一项回答“需要”的即为“需要”基本居家养老服务；非基本居家养老服务需求主要根据老年人是否需要老年人服务热线、老年饭桌、陪同看病、日常购物、康复治疗和法律援助这6项服务来进行分类，即在这6项服务中任一项回答“需要”的即为“需要”非基本居家养老服务。需要说明的是，由于在2006年的调查中考虑到城乡差异，只调查了农村老年人在基本居家养老服务项目上的需求，并没有调查其在非基本居家养老服务项目上的需求，因此在表5-4的数据中，笔者分别对城市和农村老年人的居家养老服务需求进行了分类。

从对基本居家养老服务需求的情况来看，农村老年人的需求比例远远高于城市老年人。由表5-4可知，在分人口、经济、身体和家庭户状况的老年人当中，农村老年人有基本居家养老服务需求的比例均在一半以上，大都达到了70%以上，其中以生活不能自理的农村老年人对基本居家养老服务的需求比例最高，为81.2%，而城市老年人的相应比例仅为39.8%。另外，从不同特征农村老年人的需求情况来看，女性、高龄、文化程度较低、有偶、与配偶/其他人居住、无养老保险、生活不能自理的老年人对基本居家养老服务项目的需求比例明显较高。

从城市老年人对居家养老服务的整体需求来看，男性、中龄、教育程度较低、无偶、与配偶居住、有养老保险、生活不能自理的老年人的需求比例更大，但就基本居家养老服务需求和非基本居家养老服务需求的情况来看，又呈现相对不同的特点。对基本居家养老服务的需求以低龄、教育程度较低、无偶和生活不能自理的老年人为主，而对非基本居家养老服务的需求则以低龄、教育程度较高、有偶和有养老保险的老年人为主，并且生活不能自理的老年人对非基本居家养老服务也有着较高的需求比例。可见，在基本居家养老服务需求方面，传统意义上的“弱势”老年群体，即高龄、文化程度较低、无偶和生活自理能力较差的老年人会有着更多的需求，而在那些超出基本居家养老服务范围和水平的非基本居家养老服务需求方面，则以低龄、文化程度较高、经济条件较好的老年人为主。

表 5-4　2006 年城乡老年群体的居家养老服务需求　　单位：%

分类	总需求	城市		农村
		基本需求	非基本需求	基本需求
性别				
女性	40.0	29.8	32.0	75.2
男性	42.3	32.7	33.9	73.3
年龄组（岁）				
80⁺	38.8	33.0	27.4	77.0
70~79	41.4	33.5	33.0	75.2
60~69	41.3	29.5	33.9	73.2
教育程度				
文盲/半文盲	38.9	32.9	30.5	77.3
小学/初中	41.3	30.2	33.7	70.8
高中及以上	42.4	32.3	33.1	62.0
婚姻状况				
无偶	38.7	32.5	30.1	73.9
有偶	41.6	30.9	33.6	74.4
居住安排				
独居	36.0	30.2	29.3	71.9
与配偶居住	45.6	34.0	37.1	76.0
与其他人居住	38.3	29.0	30.1	73.8
养老保险				
无	40.5	31.1	32.2	74.8
有	41.4	31.5	33.5	53.3
生活自理能力				
不能自理	46.1	39.8	36.1	81.2
部分自理	48.1	37.0	37.7	76.5
完全自理	40.0	30.0	32.2	73.3

5.2　中国老年人居家养老服务需求的影响因素分析

5.2.1　变量选择

为了进一步了解影响我国老年人居家养老服务需求的主要因素，笔者从 2006 年的调查中挑选了 7 个主要变量，利用 Logistic 回归模型对老年人的居家养老服务需求进行了分析，主要的变量选择和处理如下所述。

因变量：居家养老服务需求（0 = 不需要，1 = 需要）；基本居家养老服务需求（0 = 不需要，1 = 需要）；非基本居家养老服务需求（0 = 不需要，1 = 需要）。

自变量：性别（女性 =0，男性 =1）；年龄（80 岁及以上 =0，70 ~79 岁 = 1，60 ~69 岁 =2）；受教育程度（文盲/半文盲 =0，小学/初中 =1，高中及以上 =2）；婚姻状况[①]（无配偶 =0，有配偶 =1）；居住状况（独居 =0，与配偶居住 =1，与其他人居住 =2）；社会保障状况（无 =0，有 =1）；生活自理能力[②]（不能自理 =0，部分自理 =1，完全自理 =2），虚拟变量中赋值为 0 的是参照组。

5.2.2　主要结果分析

考虑到城市问卷和农村问卷在调查老年人居家养老服务需求方面的

① 2006 年的调查数据显示，我国老年人当中未婚和离婚的比例较低，各占 0.9% 和 0.4%，因此将丧偶、离婚和未婚合并为“无配偶”这个变量。在无配偶老年人当中，丧偶的比例是最高的，达到了 94.7%，无配偶老年人的分析结果在很大程度上代表了丧偶老年人的情况。

② 2006 年调查，共调查了老年人在 ADL 和 IADL 共 16 项活动上的自理能力，回答选项包括“不费力”“有些困难”和“做不了”。我们主要根据 ADL 对老年人的生活自理能力进行分类，在 ADL 的 6 项活动中任一项回答“做不了”的即为“不能自理”，ADL 的 6 项活动中均回答“不费力”的为完全自理，其余为部分自理。

差异(其中城市老年人不仅调查了基本居家养老服务需求,还调查了基本居家养老服务需求,而农村老年人仅调查了基本居家养老服务需求),为了更好地分析不同因素对老年人居家养老服务需求的影响作用,本研究分别建立了4个Logistic回归模型,因变量分别为城市老年人居家养老服务需求、城市老年人基本居家养老服务需求、城市老年人非基本居家养老服务需求和农村老年人基本居家养老服务需求;自变量分别为性别、年龄、受教育程度、婚姻状况、居住状况、有无社会保障和生活自理能力,分别将这7个自变量用Forward stepwise方法纳入4个回归方程中,最后进入方程并且成为影响显著的变量(表5-5)。

从总体情况来看,方程整体拟合效果良好,所有自变量均在0.000的水平上对因变量产生显著影响,7个自变量通过检验均进入了不同的回归方程中,并且各自对因变量产生不同的影响。

从模型1至模型4的分析结果来看,年龄、性别、受教育程度、婚姻状况、居住状况、社会保障状况和生活自理能力状况均对城乡老年人的居家养老服务需求产生显著影响。其中,对城乡老年人居家养老服务需求影响作用比较一致的是性别、居住状况和生活自理能力,表现出无论是在城乡还是对不同的居家养老服务项目,男性、与配偶/其他人居住、生活不能自理的老年人的服务需求可能都要大于女性、独居和生活能够自理的老年人。这与实际生活中我们认为独居老年人的服务需求会更大的假设是相悖的。事实上,能够独居的老年人往往是那些身体健康状况较好,自理能力较强的老年人,一旦老年人丧失照顾自己的能力,他们往往会选择与子女或其他家人生活在一起,以便得到来自家庭成员和其他亲属的照料,这也就是为什么与配偶/其他人生活在一起的老年人居家养老服务需求的可能性更高的原因之一。

但从模型4农村老年人基本居家养老服务需求的影响因素分析结果来看,尽管7个自变量的影响作用同样显著,但对于农村老年人来讲,却呈

表5－5　老年人居家养老服务需求的影响因素分析

变　量	发生比 Exp(B)			
	模型1	模型2	模型3	模型4
男性(参照类＝女性)	1.088	1.172	1.081	1.063
年龄(参照类＝80岁及以上)				
70～79岁	1.188	1.168	1.357	0.987
60～69岁	1.242	1.071	1.488	0.972
受教育程度(参照类＝文盲/半文盲)				
小学/初中	1.059	0.928	1.059	0.715
高中及以上	1.110	1.016	1.018	0.534
有配偶(参照类＝无配偶)	0.851	0.790	0.875	1.082
居住状况(参照类＝独居)				
与配偶居住	1.625	1.443	1.457	1.263
与其他人居住	1.144	1.095	1.018	1.116
有社会保障(参照类＝无社会保障)	1.017	1.017	1.047	0.412
生活自理能力(参照类＝不能自理)				
部分自理	0.975	0.912	0.934	0.763
完全自理	0.691	0.645	0.701	0.683
constant	0.622	0.574	0.409	4.006

注：1. 模型1的因变量为城市老年人居家养老服务需求；模型2的因变量为城市老年人基本居家养老服务需求；模型3的因变量为城市老年人非基本居家养老服务需求；模型4的因变量为农村老年人基本居家养老服务需求。

2. 所有自变量均在 $P<0.001$ 的水平上显著。

现高龄、受教育程度较低、无社会保障的老年人对居家养老服务需求的可能性高于相对应的老年群体的情况，这与城市老年人当中低龄、受教育程度较高、有社会保障的老年人的居家养老服务需求可能性更高的情况恰恰相反。如在城市老年人当中,受教育程度为高中及以上的老年人有居家养老服务需求和没有居家养老服务需求的发生比为1.110,而在农村老年人当中,这一发生比则降低到了0.534;同样,在有社会保障的城市老年人当中有居家养老服务需求和没有居家养老服务需求的发生比为1.017,而在农村老年人当中,这一发生比则降低到了0.412。

中国长期以来的二元经济结构,使得城乡经济发展水平相差甚大,人们的收入水平、社会保障水平和可享受到的公共服务都存在着明显的城乡差别。相对于农村地区来讲,城市地区的公共服务和社会化养老服务发展更快,老年人的经济状况和受教育程度普遍较高,他们的养老观念和对养老服务的认识更加现代,尤其是那些低龄、教育程度较高、经济状况较好的老年人,他们对养老服务的认识和需求更高。因此,对于城市老年人来讲,除了生理上的照料需求是影响老年人居家养老服务需求的重要因素之外,教育程度、经济收入、对养老服务的认知和了解、服务的供给和输送等因素也会对老年人的养老服务需求产生较大影响。对于农村老年人来讲,较高的文化程度和能够享受养老保障仅是少数农村老年人具备的社会经济特征,大部分农村老年人的经济收入水平和文化程度较低,而且有着更为坚定的"养儿防老"意识。因此,对于农村老年人来讲,基于生理上的照料需求是影响他们居家养老服务需求的一个重要因素。以往的研究也证明了高龄、文化程度较低和经济状况较差的老年人往往有着更差的生活自理能力和健康自评(McGee et al,1998;Otero et al,2004; Jiang et al,2002),这也是在农村老年人当中,这部分老年群体的居家养老服务需求更大的重要原因。

5.3 中国老年人居家养老服务需求的质性研究分析

根据人口学特征、家庭户特征、身体状况以及经济状况等,可以将老年人划分为不同的群体,如高龄老年人群体、女性老年人群体、空巢老年人群体、失能老年人群体、贫困老年人群体等,这些群体各有其不同特征和需求。在现实生活中,这些特征有可能叠加重合,如高龄老年人群体不仅失能的风险高,而且空巢、独居的风险也很高。为了分析需要,我们在挑选访谈对象时,尽量选择那些某一具体特征辨识度更高的老年人,以更好地反映其所代表的老年群体的实际服务需求。

5.3.1　自理老年人的服务需求

生活能够自理的老年人大都是低龄老年人,一般来说,这部分老年人无论是在经济状况、身体状况,还是在精神状况方面都要明显优于其他老年人。中国老龄科研中心2006年的调查数据显示,我国85.4%的城市老年人日常生活能够完全自理,79.0%的农村老年人日常生活能够完全自理。对于这部分生活自理能力较强的老年人来说,文化娱乐方面和社会参与方面的需求更为强烈。在访谈中,生活自理老年人反映最多的就是这两方面的服务需求。

5.3.1.1　文化娱乐需求

在安徽的多代家庭户老年人焦点小组访谈中,老年人普遍反映除了经济和医疗这两方面的问题之外,最大的感觉就是孤独。

安徽多代家庭户老年人焦点小组:"现在子女到外面工作了,有些孩子一年跟老人都说不了多少话,所以我们觉得现在的老年人比较孤单,一般也就看看电视、报纸。"

事实上,我国在老年人文化娱乐设施方面的投入是比较大的。近年来,国家积极推动社区老年人文化活动设施的建设,中国老龄科研中心2006年的调查数据显示,我国老年人自报家附近有老年活动室、老年大学和运动场地的比例分别为34.2%、15.0%和30.4%,明显高于2000年的29.1%、8.1%和17.9%。各地的农村老年人协会也不断增多,这些设施和组织的完善，在丰富老年人文化生活等方面做出了很大的贡献。

笔者在四川一个村里访谈时发现，基层老年人协会在丰富老年人精神文化娱乐方面的作用是非常大的。他们根据村里的规定，自发组织了老年人协会，平时以组织娱乐活动和老年人互助为主，活动包括唱歌跳舞、腰鼓秧歌、年节表演、聚餐和组织旅游等。

四川 HWG："当时我们几个人想到自发组织一个老年人协会，城里面的退休工人都有老年人协会，我们也应该搞一个，让大家有个娱乐的地方。"

但就全国来说，各地老年人文化活动设施的建设和活动内容的组织仍然存在着很多问题，城乡设施不均衡，城市老年人文化活动设施多，但资金、人员的缺乏也很明显，活动设施利用不足的问题突出。农村老年人文化活动设施少的现象很普遍。中国老龄科研中心 2006 年的调查数据显示，2006 年我国城市老年人自报家附近有老年活动室的比例高达 70.8%，农村仅为 21.2%；城市老年人自报家附近有老年大学和运动场地的比例分别为 38.7% 和 64.5%，农村仅为 6.7% 和 18.4%。

安徽 WDY："我们社区平常组织太极拳、太极扇、棋牌室、门球等活动，文化体育活动很丰富，还有跳舞的，每年的重阳节都有活动，但是经费少，面积很小，设施也不完善，现在只有室内的，希望以后也能有室外的。"

安徽多代家庭户老年人焦点小组："像我们这个老小区，天气好的时候都在外面活动，刮风下雨、冬天时我们就没有什么活动场所了，基本上只能在屋子里。"

文化娱乐活动对提高老年人的生活质量起着很大的作用。以往的研究表明，老年人在退出社会生产领域之后，娱乐活动可以取代劳动活动并使个人感到满意（Nancy R，1988），是促进身心健康的重要途径和方法（Tinsley et al，1985）；对于自理老年人来讲，他们在照料和康复等方面的需求相对较少，而文化娱乐方面的需求相对较大，应该作为服务重点加以关注。

5.3.1.2 社会参与需求

以往的研究表明，老年人的社会参与是具有积极意义的。从老年人角度看，社会参与有助于老年人增加收入，实现精神寄托和减少孤独感，发挥个人特长，实现自我价值，增进身体健康；从社会角度看，老年人社会参与有助于继续发挥人才资源的作用，补充人力资源的不足（邬沧萍，1999；杨宗传，2000；裴晓梅，2004；刘颂，2007）。老年人可以通过再就业或者劳务活动等参与经济发展，也可以通过各种志愿和公益活动参与社会发展（刘颂，2006）。尽管目前我国老年人的社会参与还存在观念、制度以及老年人本身文化素质和身体条件较差等种种制约因素（刘颂，2006；裴晓梅，2004），但老年人的社会参与意愿依然较高。据中国老龄科研中心2006年的数据调查，我国城乡老年人的就业参与率为35.4%，其中城市老年人中有5.9%的仍然从事着有收入的工作，在健康自评较好的城市老年人中，有就业意愿的比例高达29%。

在与健康老年人的访谈中，笔者发现他们的社会参与意识是相当强烈的。在江苏一个较为富裕的农村，老年人最普遍的想法就是能够“再出去找点活干”。由于村办企业的红火和村干部的现代管理观念，这里的老人被安置在村里集中盖起的现代化小区中，小区里设施齐全，有开阔的广场和活动场地，老年人一般住在一层的“老人房”中，房内厨卫齐全，还有基本的无障碍设施，村里负责“老人房”的维护和修理，老年人的子女则住在二楼和三楼，与老年人仅一层楼之隔。老年人每月的收入包括村里发给的老年补贴和口粮补贴，在解决了基本的生活需求之外，许多老年人最希望的就是能够“动弹动弹，找点活干”。

江苏JDM：“我就想去毛纺场剪线头，儿子不允许。我们这里有的老人去扫扫路、种种花啊，我愿意参加，就是两个儿子不同意。”

还有一些老年人希望能够在社区的组织下，成立一些老年人的互助组织，发挥低龄老年人的优势，帮助其他老年人做些力所能及的事情或者聊天解闷，以便在今后需要时也可以从其他老年人那里获得帮助。

安徽多代家庭户老年人焦点小组：“人总要老，总不能跟着儿子、儿媳

一辈子,他们自己也有小孩,还在外省工作,你不可能跟着他去。希望居委会今后能提供一个相互照顾、相互帮助的环境,别人要是没什么事,我们可以去聊聊天,平时我没什么事,别人也可以到我这里聊聊天。”

中国老龄科研中心2006年的数据调查显示,我国城乡老年人愿意为其他老年人提供帮助的比例是比较高的,有超过6成的老年人愿意为周围生活有困难的老年人提供聊天解闷帮助,有超过3成的老年人愿意帮助其他老人调解纠纷,还有超过2成的老年人愿意帮助其他老年人求医问药等。事实上,许多地方也开始积极发挥老年人之间的邻里互助作用,这不仅有利于整个社区的和睦团结,也能充分发挥老年人的资源优势,是各地在开展居家养老服务时加以引导和扶持的。

5.3.2 空巢、独居老年人的服务需求

随着经济社会的发展、人口流动的频繁以及住房条件的改善,我国老年人当中空巢、独居的比例日益提高。中国老龄科研中心的调查数据显示,2006年我国老年人中的空巢比例为41.4%,其中独居老年人所占比例为9.1%,仅与配偶同住老年人所占比例为32.3%(郭平,2009),尤其是在一些大中城市,老年空巢家庭的比例更高,达到了56.1%,独居老人的比例则达到了12.1%(全国老龄办,2008)。

与非空巢老年人相比,空巢老年人缺乏精神慰藉、生活无人照顾、经济困难的风险更大(黄润龙,2005;赵芳、许芸,2003;陈文玲,2008;姚引姝,2006),出现孤独、抑郁、精神生活质量下降的现象也更为普遍(邓俊、杨晶等,2008;林明鲜、刘永策等,2008;王玲凤等,2008)。因此,相对于其他家庭户中的老年人来讲,空巢、独居老年人的居家养老服务需求更明显。

5.3.2.1 精神慰藉需求

空巢、独居老年人常常会感到孤独和寂寞,尤其是独居老年人,孤独的情绪更加普遍。中国老龄科研中心2006年的数据调查显示,我国城市独居

老年人当中，有37.0%常常感到孤独，农村老年人的这一比例则提高到了51.0%。

黑龙江WQK:“吃饭、洗衣服这些还行，（苦笑）总是觉得有那么一种孤单感……不管咋的得有回音儿啊。”

尤其是一些刚刚丧偶的独居老人，他们的精神、心理状态更差。很多老年人在丧偶初期常常会感到悲痛、绝望、恍惚、思念和焦虑，如果不及时调整，就会陷入抑郁状态，对老年人的身心健康非常不利。

山东GMX:“老伴去年死的。就是躁得慌，不开心，没有人说话，再加上做过手术后身体还难受，有时候觉得闷得慌……从去年老伴一死，加上我这一病，就老觉得不开心，到什么地方都不开心，感觉人活着没有意思。”

因此，在访谈中老年人最常提到的就是精神方面的需求，尤其是在一些城市社区，人际关系较淡漠，独居老年人的社交范围更小，因此他们非常希望能够借助社区的力量扩大自己的社交圈，增加与其他老年人的来往，以此来丰富自己的生活。

5.3.2.2　老年饭桌需求

对于一些空巢、独居的老年人，尤其是男性独居老年人，饮食方面的需求就显得更为迫切。

黑龙江的ZC老人已经独居多年了，尽管身体硬朗，平时儿子和儿媳也会照顾日常起居和饮食，但老人仍觉得如果有人能给提供“现成”的饭菜是最好的。

黑龙江ZC:“主要是有吃就行，吃现成的。想吃啥，给你买了就挺好。”

另外，在一些城市社区，老年人对社区食堂的需求也很强烈。

中国老龄科研中心2006年的数据调查显示，我国城市老年自报社区有老年饭桌的比例为19.5%。据笔者在相关省、市的调查来看，许多社区的老年饭桌是和一些餐厅或饭店联合的，尽管对老年人实行优惠价格，但饭菜的质量或者口味方面并不符合老年人的需求，有些餐厅为了节省人力，

还规定老年人必须到店里吃饭，并不负责外送，这就给老年人造成了极大的不便，也难以达到方便老年人吃饭的初衷。

在我们调研的社区，工作人员告诉我们，其实也有一些老年人提出要建立老年餐桌，但考虑到价格、饭菜质量的问题，一直没有落实。现在社区里有两个孤寡老人，为了解决他们的就餐问题，社区就给他们联系了两家餐厅，每天为他们免费送一次午餐，但这是因为社区和餐厅的关系比较好，所以可以免费，如果老年人多的话就不可能了。

江苏社区工作人员："我们社区有两位孤寡老人，一位70多岁，一位60多岁，一天免费送一餐，解决了一些实际问题，但也是少量的，这还是跟餐厅关系好，不长久的。"

5.3.2.3　紧急呼叫需求

老年人是慢性病高发的群体，心脑血管疾病是老年病中最常见的。许多空巢、独居的老年人对突发病情非常恐惧，尽管他们平日里能够生活自理，但一旦发生紧急状况而无人在身旁或者老伴处理不了的时候，就非常危险。因此，许多空巢、独居的老年人对紧急呼救系统的需求非常强烈。

安徽独居老年人小组："虽然大家都比较健康，可是人年纪大了，总是会遇到这样或那样的问题，经常会遇到有些老年人在家里面摔倒了，在这样的情况下，能否提供一些向外界呼救的设施。"

5.3.2.4　社区托老需求

许多空巢、独居的老年人不希望离开自己熟悉的环境，包括与子女居住和去养老院生活都不是他们希望选择的养老方式。更多的空巢、独居老年人希望能够拥有自己的生活空间，保持自己喜欢的生活方式和习惯。在他们生活能够自理的时候，他们往往选择与子女分开居住，但当他们生活不能自理的时候，如何安排晚年生活就成了必须思考的问题。有些仍然希望保持自己生活空间的老年人就希望社区能够提供日间照料的机构，即托老所，或者社区里面的小型养老机构，这样就能既不离开家、社区，又能安排好自己的晚年生活。

安徽 HDY:“住房条件好的话,就想单独住,不能动的时候,还是得和子女住在一起。其他人照顾没有亲情,但子女有工作,这是一个大难题。鳏寡孤独的老年人我们社区就有几十个,集中在一起最好,在社区里建一个老年人中心最好。”

笔者在重庆进行访谈时,重点对社区日托所里的老年人进行了访谈,从他们的回答中可以看出,老年人对这种不远离家门和社区,不麻烦子女和亲属,就近养老的模式非常满意。尽管对托老所的硬件和软件设施仍有许多意见,但老年人普遍认为,这是一种比较好的养老方式。一方面,老年人可以住在一起互相聊天做伴;另一方面,无论是在饮食上还是在紧急情况的急救方面都有保障,老年人觉得在这里住更安心,而居家养老服务在紧急救助这一块就相对较弱一些。

重庆 YXQ:“托老所好些。这种是集体住在一起,集体住在一起的老年人可以聊聊天。上门服务没有自己子女服务得那么仔细,也不会经常来服务,要是有什么急事找不到人。在托老所住,有什么事可以找工作人员,有病时工作人员可以送去医院或者打120求救。”

5.3.3　高龄老年人的服务需求

高龄化是我国人口老龄化过程中的一个突出特征,随着人口平均预期寿命的延长,我国高龄老年人口的增长将会非常巨大。根据联合国的预测,中国的高龄老年人口在2025年将达到3 037万人;到2050年,中国的高龄老年人口将达到9 834万人,将占世界高龄老年人的24.4%,占亚洲高龄老年人口的42.4%。届时,世界上平均每4个高龄老年人中就有一个是中国人;而在亚洲,有接近一半的高龄老年人来自中国。

高龄老年人是慢性病的高发人群,中国老龄科研中心2006年的调查数据显示,我国城市高龄老年人慢性病患病率为86.4%,农村高龄老年人患病率为69.2%，远远高于其他年龄组，并且高龄老年人当中患有三种及以上慢性病的比例也非常高。慢性病大多会造成老年人生理功能的缺损，从而导致其生活自理能力的完全丧失或部分丧失。因此，高龄老年人的日常生活照料和服务需求就更加迫切，其中以日常生活、医疗卫生和康复服务最为主要。

5.3.3.1 日常生活服务需求

高龄老年人是身体状况较差的一部分群体，在高龄时期，人的躯体功能状况和认知功能状况都会发生不同程度的快速衰退，一个普通的摔跤都可能引发高龄老年人健康状况的迅速下降，甚至死亡。因此，许多高龄老年人都尽量避免伤害和事故的发生，比如，减少出门，减少去人多和危险的地方等。对高龄老年人来讲，在家里就能接受各种生活服务，如理发、洗澡、送餐等上门服务是最好不过的选择了。

湖北的高龄老人XWF和老伴都发生过脑出血并且中风，虽然现在已经恢复得很好，平日里的日常起居也可以自理，而且请了一个小时工给他们做饭，但由于他们住在三楼，又没有电梯，而且老伴的膝盖部分长了比较严重的骨刺，因此他们夫妇日常的活动范围仅仅限于室内，很少下楼，一个月只有一两次下楼去交各种费用。由于怕跌倒，老人平日里也很少洗澡，甚至一个冬天都不洗一次澡。

这部分老年人的居家养老服务需求非常迫切。他们希望社区能够提供必要的日常生活服务，或者帮助他们联系能够上门服务的商家，通过购买服务来解决自己的生活问题。

5.3.3.2 医疗卫生服务需求

随着我国医疗卫生事业的发展，我国社区卫生服务机构的设立越来越普遍。但由于老年人的疾病往往是复杂和多样的，许多社区卫生服务机构在人员、技术和诊断方面都不能很好地满足老年人的实际需求，因此，老年人仍然比较普遍地反映“看病不方便”。

湖北 XWF:“看病不方便。希望社区能够解决医疗问题,在我们附近有一个像模像样的医院,我们去看病也方便,打针也方便,那就好多了。”

另外,从基层老龄工作的访谈来看,社区在满足老年人的医疗卫生服务需求方面也存在着很多的问题,主要是老年人的上门医疗服务需求大,但现实生活中社区医生的就诊时间是有限的,而且由于医护人员数量的限制,实际上做不到上门为老年人提供医疗服务。正规医院能提供外出就诊,但外出就诊的费用比较高,因此,老年人的就近医疗服务需求一直得不到满足。

5.3.3.3　康复服务需求

适当的康复锻炼对老年人病后的身体恢复有着积极作用,高龄老年人当中有很多患有各种慢性疾病,或者是中风之后的恢复者,因此,他们对康复服务的需求也是非常迫切的。中国老龄科研中心 2006 年的调查数据显示,我国城市老年人当中对康复治疗服务的需求比例超过了 20%,是所有服务项目中需求比例最高的。许多慢性病患者在其病情稳定后就会出院回家疗养,但家庭成员或者保姆大都以生活照料为主,缺乏相应的康复知识和技巧,社区在康复设施和康复指导等方面也非常匮乏,因此,老年人的康复服务需求往往很难得到满足。

重庆 YXQ:“现在需要康复服务,没有那个条件,一是没有地方,就算买回来也没地方放置,另一个是要有资金。”

湖北 XWF:“我每天就是做一会儿运动,做什么运动呢,来回走。如果有康复服务当然好,收费肯定是要收费的,只要走医保就行了。”

与访谈中的这两位老人相似,许多老年人并没有很多的康复技巧,他们往往只能用“来回走”的方法防止功能的退化,或者从电视媒体,甚至不法商贩那里了解到一些康复知识或者购买一些康复设备自行进行康复治疗,事实上并不一定能够达到有效的康复效果。

5.3.3.4　无障碍设施需求

我国大部分的住宅在建筑设计时很少考虑到无障碍设施的需要,尤其

是对于高龄老年人来说，他们大都居住在自己的老房子当中，这些房子很多已经有了几十年的历史。中国老龄科研中心2006年的调查数据显示，我国城市老年人80.5%住上了楼房，住房状况、卫生状况、居住环境等都有了明显提高，但还有接近两成的老年人仍居住在平房内。绝大多数老年人居住在没有电梯的1~5层楼房内，城市有近一半的老年人所住房屋的房龄超过20年，有37.8%的老年人所住房屋的房龄超过10年。这些房子的设计很难满足老年人的行动需要，许多住宅没有电梯，室内也没有防滑等无障碍设施，小区里的设计也很少考虑到老年人的出行方便，因此老年人的居住环境是相对较差的。尤其是随着老年人年龄的增大，老年人对自己的居住环境感到满意的比例也在不断下降（张恺悌、郭平，2010）。

事实上，中国许多老年人是生活在这样的居室环境中的，尽管目前许多新建的老年人社区已经开始考虑并强调无障碍设施的设计，国家也出台了《老年人居住建筑设计规范》等，但在大多数老年人的家中，无障碍设计和适老改造问题仍然没有得到普遍解决。

5.3.4　失能、残疾老年人的服务需求

失能老年人在我国是一个数量庞大的群体，并且部分失能和完全失能老年人的数量和比例还将继续增加。同时，老年人当中的残疾老年人口也将不断提高。

失能、残疾对老年人造成的负面影响是多方面的：一是活动能力受限，导致必须依赖别人的照料；二是由于活动不便或者长期卧床，可能会导致老年人身体功能的进一步衰退，若不进行必要的康复训练，他们的健康状况极有可能继续恶化；三是人际交往的范围缩小，孤独和寂寞感增强，容易产生各种负面情绪和心理问题。因此，失能、残疾老年人对生活照料、医疗服务、康复服务和精神慰藉等方面的服务需求都是显而易见的。

5.3.4.1　日常生活服务需求

在日常生活服务需求中，洗澡是失能、残疾老年人最常面对的困难之

一。由于大部分居家养老的失能、残疾老年人都是由其家人负责照料的，在吃饭、穿衣等日常生活方面，照料者都可以照顾得到，但洗澡问题是许多老年人包括照料者反映的困难。

湖北WDY的儿子："农村都是用盆洗。农村的老人不适应洗淋浴。老人用淋浴很不安全，也不方便，就是我们帮着都觉得很累。比如，我给我父亲洗淋浴，每次洗完出来我的衣服都湿透了。又怕他受凉，又怕温度高他受不了。现在我们村老年人服务中心里面就用电热水器淋浴，但是多数老年人不会使用，自己连水温都调不准。"

以往研究表明，失能、残疾老年人的主要照料者就是其配偶，但多数老年人的照料者也面临着多种慢性病的侵袭以及年龄的增长所带来的身体机能的衰退。在访谈中我们发现，多数失能、残疾老年人的照料者是有着多种疾病的老年人，他们在简单的日常生活照料中还能应付，但在洗澡这样需要一定体力的照料活动中，已经开始力不从心了。

黑龙江LSQ："没洗澡，洗啥澡，这些日子我就给她擦擦身上。原来我自个儿就抱了，这两天胃痛，吃不了多少饭，没力气。"

5.3.4.2　医疗卫生服务需求

我国还存在社区卫生服务资源的不均衡、不完善和可及性较差的问题。由于失能、残疾老年人对医疗卫生服务的需求更大，因此，他们在这方面遇到的问题也更加突出。

黑龙江LSQ老人的老伴由于糖尿病引起的脚底病变，被截了肢，已经躺在床上一年多了，都是LSQ老人负责照料，在谈到有什么服务需求时，老人希望能够就近建立一个社区医院，方便老伴上门看病。

黑龙江LSQ："我就希望社区有个医院，大夫能就近来给看个病也行，查一查。"

更多的老年人反映的是看病不方便的问题，由于医疗保险的定点医院离家比较远，因此许多老年人不得不到离家比较远的定点医院看病，给他

们造成了极大的不便。江苏的残疾老人 MSC 大爷因为自己的定点医院问题、医药费在村子里的卫生所不能报销，只能坐汽车跑到镇里的医院看病。

5.3.4.3　康复服务需求

康复训练对失能、残疾老年人的身体机能恢复和维持是至关重要的。在对失能、残疾老年人的访谈中，老年人的照料者和老年人都表达了强烈的康复训练意识和康复服务需求。

黑龙江的 MGX 老人因为脑出血已经瘫痪在床 5 年多了。在这 5 年中，老人的女儿一直帮她做一些康复锻炼，希望能够对老人的病情有所帮助。

黑龙江 MGX 老人照料者（女儿）："我们几个领着她（靠助行器）锻炼。每天领着她早晨、中午、晚上锻炼。"

还有一些老年人在患病之后希望得到康复治疗，对康复知识和康复仪器的信息非常渴求。

以往研究表明，残疾老年人康复需求集中体现在康复指导、康复信息、康复器材和就近建立康复机构等方面（姚远，2009）。但与老年人康复需求相比，我国的社区康复服务设施和康复人员配置上还存在着明显的不足。2006 年第二次全国残疾人抽样调查数据显示，我国残疾老年人对康复训练的需求比例高达 38.6%，但接受过康复训练与服务的比例仅为 8.5%。目前我国仅有 23.7% 的城市社区建有康复站，仅有 30.2% 的城市社区有康复协调员，农村地区的康复服务设施和康复人员更少，很难满足失能、残疾老年人的康复服务需求。如何在居家养老服务中针对失能、残疾老年人的这些康复需求提供相应的服务，是需要重点加以关注的。

5.3.4.4　无障碍设施需求

失能、残疾老年人由于身体功能受限，对无障碍设施的要求更加突出。但在调研和访谈中，笔者发现，许多老年人的家中和生活的社区缺少适合老年人日常活动的无障碍设施，包括道路的防滑、卫生间的设计、电梯和垂直设备的安装等。

黑龙江 WGY："你看这外头能走吗？铺的砖稍微不平就绊住，有点缝就不行。"

黑龙江 MGX 老人照料者(女儿)："她自己不能走，就得拿着助行器走，得拄着东西走，后面一个人把着，在屋里陪着她走，这个楼没有电梯。"

另外，一些为老服务设施没有无障碍设施，也不利于失能、残疾老年人的使用。在江苏一个调查点，笔者发现尽管被访老年人很希望能够到小区对面的老年人活动中心去活动，但因为活动中心建在二楼，腿脚不方便的他也只能作罢。

5.3.4.5　精神慰藉需求

心理问题是失能、残疾老年人最常遇到的，身体上的病痛带给老年人的折磨和正常生活能力的丧失都会给老年人带来许多负面情绪和心理压力。以往的研究也证明了老年人的健康状况与抑郁症状明显相关，中国老龄科研中心 2006 年的调查数据显示，在健康自评较差的老年人当中，出现不同程度抑郁症状的比例高达 83.6%；而在需要照料的老年人当中，这一比例高达 85.7%。

在访谈中，许多老年人表现了不同程度的心理问题，有些老人甚至出现了孤独、厌世的情绪。

山东 LML："我觉得活着没有一点意思，儿子、媳妇都不错，我就是觉得活得没有意思。"

由于失能、残疾老年人大都由家人负责照料，家人在生活照料上可能会更加方便，但也常常忽视老年人的心理问题。许多照料者既要照顾老人，又要照顾其他家人，所以常常无暇顾及老人的心理需求。如果居家养老服务中能够对失能、残疾老年人的心理进行必要的干预，那么对于这些老年人的身心健康来讲是非常有益的。

5.3.4.6　权益维护需求

失能、残疾老年人的另外一个经常遇到的问题就是权益保障方面的需

求。由于许多失能、残疾老年人是在进入老年期之后遭遇残疾的,他们常常认为这是年老时的正常现象,而很少会去要求本应属于自己的权益或者保障。另外,残疾老年人当中残疾养老保险、医疗保险和领取低保与救济金的比例也非常低,这与制度设计有关,但很大程度上也与老年人的权益保障意识和相关的信息了解较少有关。

山东 WDL 照料者(儿媳):“没想过,大队里没有这个指示,老百姓谁去办这个(残疾证)? 都不清楚,也不知道。”

另外,失能、残疾老年人无人赡养的问题时有发生。由于这部分老年群体本身的权益保障意识和行动能力就很差,因此在居家养老服务中,还应该加强对这部分弱势群体的权益保障服务,如宣传相关的法律知识,提供相关的咨询以及帮助等。

5.3.5 照料者的服务需求

居家老年人的照料往往由其家庭成员承担。以往的研究结果表明,照料经常会给家庭照料者的个人和家庭生活等方面带来客观的消极影响,包括经济紧张、个人时间减少、社会参与度下降等问题,同时也会对照料者的心理和情感造成主观消极影响,如精神压力、抑郁、烦恼等(Braithwaite,1992; Horowitz,1985; George、Gwyther,1986)。我国台湾地区一家非营利组织在 2007 年组织的调查显示,家庭照料者每天用于照料的时间平均为 13.5 个小时,比工作日 8 小时高出 50% 以上。40% 以上的照料者表示有经济困难、不能平衡他们的职业和照料角色,希望能够得到休息、获得家庭成员的承认和支持(中国台湾家庭照料组织,2007)。

此外,由于老年人的自主性往往受到限制,老年人的照护方案往往由其家人确定(谢美娥,2002)。国外研究文献表明,由于大多数老年人是由其年迈的老伴提供照料,因此老年照料者和老年被照料者正在成为正式照料服务的主体,失能老年人及其照料者对服务的需求结合点才是家庭决定使用正式照料服务的决定因素（Piercy、Blieszner，1999）。作为非正式照料的补充，老年人对正式照料的需求内容往往是家庭照料者所不能负担的那部分内容，即老年人的实际需求与家庭照料者实际所能提供的那部分之间的落差内容。因此，照料者所反映出来的老年人的服务需求往往更加客观也更加迫切。此外，家庭照料者由于照料压力所导致的服务需求也可以包含在居家养老服务内容里面。事实上，美国、英国、日本等国家都将对照料者的服务包含在居家养老服务体系内。

5.3.5.1　文化娱乐需求

由照料而造成的个人时间减少和文化娱乐活动机会减少是照料者反映的一个普遍问题。由于许多被照料者是失能或者失智的老年人，照料者的精神会比较紧张，被束缚的感觉比较严重。有些照料者本身就是老年人，在照料之余也没有精力和时间去参加一些娱乐活动，因此精神方面的需求往往是这些照料者的主要诉求。

湖北2号被访者："我年纪大了，我的头上长了一个瘤，身体也不如以前了。她现在都在轮椅上，只能在家里，下楼不方便。只能每天在家看电视，不能去参加社区活动，没有时间也没有精力。"

黑龙江WSM："我们倒没有感觉，就是限制点自由。有时候她躺着睡觉，我下去玩一会儿，出去不能超过一个小时，就得回来看看。"

5.3.5.2　社区托老服务（喘息服务）需求

由于失能、残疾老年人的照料者大都是其家庭成员，如配偶、女儿或者儿媳等，有些照料者不仅需要照料家中的老人，还要兼顾工作和其他家人的生活。照料者本身的社交活动也会因为照料老人而受到影响，因此旨在缓解照料者压力的喘息服务需求就非常普遍了。

黑龙江的YYH老人照料老伴已经有11年了，子女已经成家，并且离得比较远。当问起对照料老伴的最大感受时，YYH最常说的一句话就是"把我圈住了"。她非常希望社区里能有一个托老的机构，可以帮忙照顾。

另外一位黑龙江的被访者 LFZ 照顾高龄的婆婆已经 20 多年了。有两个孩子,一个已经上了大学,一个正在读高中,丈夫是一名村干部,还种了 6.7 公顷(100 亩)田。为了让子女安心读书,丈夫安心工作,她包揽了家里的事情。但繁忙的家务和沉重的农活也让她感到很累,尤其是农忙季节,不仅不能赶回来给婆婆准备午饭,还要在地里操劳一天后回到家中为家人准备晚饭,并且照顾婆婆,这让她感到非常辛苦。当笔者询问她如果村里能够提供付费的服务,或者把老人暂时送到村里的日托中心时,LFZ 感到非常高兴,并且觉得很有必要。

黑龙江 LFZ:"那太好了,忙的时候,给我减轻一下负担,让我轻松轻松。"

事实上,喘息服务是许多国家对照料者提供的社会支持内容之一。如美国的全国家庭照料者支持项目(NFCPS)就为照料者提供了许多种形式的临时性替代照料和生活安排服务,包括居家间歇照料服务,成人日间照料服务,由护理机构提供的间歇性、临时性或者紧急夜间护理服务等,以帮助照料者获得暂时的放松和休息。我国近年来也在大力发展社区日间照料中心的建设和服务,不仅可以更好地为老年人提供完善的社会服务,也有利于缓解家庭照料者的压力,提高家庭照料者的照料质量。

5.3.5.3 心理咨询服务需求

照料者的心理负担一直是国内外学者的研究重点,众多的研究文献表明,照料会导致照料者产生严重的心理和生活健康问题(Eisdorfer,1991;Haley et al,1995;Rankin et al,1994),其中照料对心理方面的影响较生理方面更为严重(Susan et al,1999),照料者会产生痛苦、疲惫、悲观等许多消极感受。随着照料强度的提高和照料时间的延长,照料者也会出现明显的抑郁症状和不良的心理反应,最终产生严重的心理问题。

黑龙江 PM:"我觉得心理沟通是最主要的。因为伺候老人的人比较压抑,我觉得对心理健康有点影响,哪怕有一个听众呢。有的时候特别压抑,需要跟人沟通。”

照料者的心理排解问题一直是许多国家和地区的服务重点。由于家庭照料者是失能、残疾老年人居家照料的主要力量,许多国家和地区非常重视对家庭照料者的社会支持计划,会有专门的服务项目和服务人员来针对照料者经常出现的心理问题给予调节和缓解。就我国目前的社会服务体系来讲,对家庭照料者的社会支持还非常缺乏。长期以来的家庭养老观念导致社会大众普遍认为家庭成员理应为家中的老人提供照料,但照料者的身心状况常常被人忽略。事实上,为家庭照料者提供必要的支持和服务,对于发挥他们的照料优势,减轻和缓解对正式照料体系的需求和压力是大有裨益的,这也是我国在完善社会服务体系中应该关注和强调的。

5.3.5.4　就业需求

由于照料是一件需要投入精力和时间的劳动,照料者不仅要付出时间成本和人力成本,还要付出一定的经济成本。许多照料者由于照料老人而不得不辞去原来的工作,或者不能外出打工,由此造成的经济损失也是许多照料者需要面对的问题。

重庆HRZ:“我就是因为照顾老人才退休的,因为家里没有人照顾老人,我提前就退了。我现在是专职照顾他。”

另外一位重庆的被访者LCX原本和丈夫一样在村办企业里打工,一个月加班加点能够拿到2 000多元,大约是家里总收入的一半。但自从婆婆重病之后,再加上丈夫一直未婚的哥哥也突发脑出血造成下肢瘫痪,LCX就不得不辞去工厂的工作,回到家中专门伺候他们。在访谈时,LCX认为照料给自己最大的压力就是经济收入一下子就少了,家里只能靠丈夫一人打工挣的钱和征地后给的补贴生活,对于增加家庭收入的要求非常强烈。

类似于HRZ和LCX这样的需求是非常普遍和客观的,由于照料责任的原因,许多家庭照料者不得不忍受经济上的损失,甚至不得不辞去原来

的工作为家中的老人提供照料。有些国家会为这部分照料者提供必要的补贴和经济支持，如英国相关法律规定，16 岁及以上的家庭照料者若每周照料时间不小于 35 小时，就可以申请领取照料者津贴（Care's Allowance），补贴标准为每周 50.55 英镑；那些因为照料家人而没有工作或者每周平均工作时间少于 16 小时的 16～59 岁的低收入家庭照料者，还可以获得收入支持（Income Support）；此外，家庭照料者还可以申请社区照料资金支持（Community Care Grant）等其他符合条件的补贴。

第 6 章

中国老年人居家养老服务利用分析

各国提供居家养老服务的主要目的就是要使老年人及其照料者能够在正式支持系统的帮助下，提高生活质量，并且尽可能长地居住在自己熟悉的家庭和环境中。服务在输送的过程中不仅要考虑服务的成本和老年人的需求，还应该被确保是有效、可接受和可到达的（Moxley，1989 ；Chen，2007），服务应该最大限度地被老年人所使用，这才能最有效地发挥正式照料服务的作用，提高老年人及其家庭成员的生活质量，达到政策制定的目的。因此，在制定和输送居家养老服务的过程中，各国都非常强调对老年人的需求评估和服务利用研究，包括老年人需求变化的特点和规律、影响老年人服务利用的因素、老年人服务需求与供给之间的落差、服务是否符合老年人的需求、服务是否能够被老年人接受和利用等。

我国长期以来主要依靠家庭养老来解决老年人问题。随着经济社会和人口老龄化的发展，国家对社会养老服务的重视程度不断提高，并开始建立发展居家养老服务体系，但对居家养老服务的评估和服务利用的关注和研究

还较少。本章利用相关的数据和质性访谈材料，重点分析了我国居家养老服务的利用和影响服务利用的主要原因，以便为完善相关政策提供借鉴。

6.1 中国老年人居家养老服务利用现状分析

6.1.1 中国老年人居家养老服务利用现状

从目前情况来看，我国老年人对居家养老服务项目的利用率是比较低的。表6-1的数据显示，2006年我国居家养老服务项目利用率最高的是上门看病(25.9%)；其次是聊天解闷，为5.5%；上门做家务的利用率位居第三，为2.0%。其余各项居家养老服务的利用水平都非常低。以老年饭桌/送饭为例，在被调查的老年人当中，回答使用过当地的老年饭桌/送饭服务的比例仅为0.4%。

表6-1 老年人居家养老服务利用情况 单位：%

服务项目	全国		城市		农村	
	2000	2006	2000	2006	2000	2006
上门做家务	1.5	2.0	4.9	7.0	0.5	0.4
上门护理	0.9	1.5	1.5	1.9	0.8	1.3
上门看病	31.0	25.9	6.2	5.4	38.6	32.4
聊天解闷	6.2	5.5	1.6	1.5	7.6	6.9
老年人服务热线	0.2	0.9	0.2	0.9	—	—
老年饭桌/送饭	0.1	0.4	0.1	0.4	—	—
陪同看病	0.4	0.7	0.4	0.7	—	—
日常购物	1.2	0.5	1.2	0.5	—	—
康复治疗	—	1.9	—	1.9	—	—
法律援助	—	0.8	—	0.8	—	—

从分城乡的情况来看，城市老年人利用最多的服务项目是上门做家务，所占比例为7%；其次为上门看病，所占比例为5.4%；其他项目的使用比例都非常低，均在2%以下。农村老年人利用最多的服务项目是上门看病服务（32.4%）；其次是聊天解闷服务，所占比例为6.9%，其他服务项目的使用比例均在2%以下。

与2000年相比，我国老年人在居家养老服务项目的利用比例上有升有降，如上门做家务的使用比例从2000年的1.5%上升到了2006年2.0%；上门护理的使用比例则由0.9%上升到了1.5%。但从总体情况来看，我国老年人使用过居家养老服务的比例依然只占很小的一部分，绝大部分老年人没有使用过所在社区或街道提供的居家养老服务，服务利用水平明显较低。

6.1.2 中国老年人居家养老服务利用的群体差异

仍将2006年所调查的10项居家养老服务项目分为基本居家养老服务项目和非基本居家养老服务项目。由表6-2可知，在基本居家养老服务项目方面的情况如下。

男性和女性老年人的服务利用比例相差不大。

高龄老年人在上门护理、上门看病、聊天解闷这三项服务项目上的利用比例明显大于低龄和中龄老年人，有接近三分之一（31.6%）的高龄老年人使用过上门看病服务，比60~69岁组老年人的相应比例高出7.9个百分点。

从教育程度来看，文化程度较高的老年人使用上门看病的比例最高，为31.7%，文化程度较高的老年人使用上门做家务的比例最高，为9.6%。以往的研究结果表明，教育程度与一个人的身体状况和经济状况往往有着显著的联系。一般情况下，教育程度较低的老年人，身体状况和经济状况都会明显好于教育程度较低的老年人，因此教育程度较高的老年人一般会更有能力使用付费的上门做家务服务，而更少地利用上门看病服务。

有偶和无偶老年人的服务利用差异相差不大，但无偶老年人对上门看病和聊天解闷的服务比例更大，而有偶老年人对上门做家务和上门护理的使用比例相对略大。

从居住状况来看，独居老年人在对居家养老服务项目的使用上，并没有明显比其他老年人更高。在上门做家务、上门护理、上门看病这些服务项目上，有偶同居的老年人的利用比例反而是更大的，依次为2.6%、2.4%和28.1%；而与其他人居住的老年人则更多地使用了聊天解闷服务，使用比例为6.0%。这与实际生活中能够独居的老年人一般会有着更好的生活自理能力和身体健康状况有一定关系。

是否享有养老保险在一定程度上反映了老年人的职业和经济状况。享有养老保险的老年人在上门做家务和上门护理上的使用比例相对较大，而在上门看病和聊天解闷这两项服务项目上，没有社会养老保险老年人的使用比例反而更大。

从生活自理能力情况来看，不能自理老年人对上门看病和聊天解闷的使用比例明显大于生活完全自理的老年人。

表6-2 老年人在基本居家养老服务方面的利用情况 单位：%

分类	上门做家务	上门护理	上门看病	聊天解闷
性别				
男性	2.0	0.9	26.0	5.5
女性	1.9	2.0	25.9	5.4
年龄组（岁）				
80^+	1.9	3.7	31.6	6.9
70～79	1.9	1.5	27.8	5.3
60～69	2.0	1.0	23.7	5.3
教育程度				
文盲/半文盲	0.7	1.7	31.7	6.5

续表

分类	上门做家务	上门护理	上门看病	聊天解闷
小学/初中	2.1	1.2	22.8	5.0
高中及以上	9.6	2.0	7.4	2.4
婚姻状况				
无偶	1.3	1.2	27.3	6.4
有偶	2.2	1.6	25.5	5.2
居住安排				
独居	1.4	1.0	24.5	5.4
与配偶居住	2.6	2.4	28.1	4.6
与其他人居住	1.7	1.0	25.0	6.0
养老保险				
无	1.0	1.3	28.4	6.1
有	8.7	2.8	9.6	1.7
生活自理能力				
不能自理	1.3	1.4	29.6	7.7
部分自理	2.0	1.2	27.8	6.8
完全自理	2.0	1.5	25.3	5.1

为了进一步直观地分析不同群体老年人在各类居家养老服务项目上的利用情况,笔者将各项服务项目进行合并,重新构建了3个新的变量,即居家养老服务利用、基本居家养老服务利用和非基本居家养老服务利用3个变量。其中,居家养老服务利用主要根据老年人是否使用了这10项服务来进行分类,即在这10项服务中任一项回答“用过”的即为“使用过”居家养老服务;基本居家养老服务利用主要根据老年人是否使用过上门做家务、上门护理、上门看病和聊天解闷这4项服务进行分类,即在这4项服务中任一项回答“用过”的即为“使用过”基本居家养老服务;非基本居家养老服务利用主要根据老年人是否使用过服务热线、日常购物、陪同看病、老年饭桌、法律援助和康复治疗这6项来进行分类,即在这6项服务中任一项回

答"用过"的即为"使用过"非基本居家养老服务。

从整体情况来看,我国老年人当中使用过居家养老服务的比例为29.0%,其中使用过基本居家养老服务项目的比例为28.6%,使用过非基本居家养老服务项目的比例为0.9%,说明目前我国老年人在居家养老服务项目上主要以基本的家务、医疗、护理和精神慰藉服务利用为主(表6-3)。

表6-3　老年人居家养老服务利用情况　　单位:%

分类	总体情况	基本服务利用	非基本服务利用
总体	29.0	28.6	0.9
性别			
男性	29.2	28.8	0.8
女性	28.9	28.4	1.0
年龄组(岁)			
80⁺	34.4	34.2	1.0
70~79	30.9	30.4	0.8
60~69	26.9	26.5	0.9
教育程度			
文盲/半文盲	34.4	34.3	0.4
小学/初中	25.6	25.1	1.0
高中及以上	16.6	15.3	3.4
婚姻状况			
无偶	30.4	30.0	0.8
有偶	28.6	28.2	0.9
居住安排			
独居	28.5	28.0	1.0
与配偶居住	30.8	30.4	0.9
与其他人居住	28.1	27.7	0.8
养老保险			
无	31.0	30.9	0.4
有	16.7	14.9	3.6
生活自理能力			
不能自理	33.1	33.0	0.5
部分自理	30.3	29.9	0.8
完全自理	28.5	28.1	0.9

从不同老年群体的服务利用情况来看，男性、高龄、文化程度较低、无偶、与配偶同居、无养老保险、生活不能自理的老年人使用居家养老服务项目的比例更大，并且在基本居家养老服务项目的利用上，同样呈现相同的趋势。但是在非基本居家养老服务项目的利用上，则以女性、高龄、文化程度较高、有偶、独居、有养老保险、完全自理的老年人的使用比例更大。尤其是高中及以上文化程度、有养老保险和生活能够自理的老年人，他们使用非基本居家养老服务项目的比例分别为3.4%、3.6%和0.9%，明显高于文盲/半文盲、无医疗保险和生活不能自理的老年人。

可见，我国目前的居家养老服务项目主要以基本居家养老服务的利用为主，而对非基本居家养老服务的利用还非常有限。如果说基本居家养老服务主要满足的是老年人的基本养老服务需求，那么非基本居家养老服务则是在此基础上，进一步提高老年人的生活质量。目前我国的居家养老服务还处在一个初期阶段，服务供给中的公益性和福利性特点明显，大多数服务是由政府买单，并提供给那些生活困难、身体较差、无儿无女的特殊老年群体，那些经济、健康状况较好，服务需求和层次较高的老年人则很少能被纳入这个体系中。社会化的养老服务市场发展相对滞后，这在一定程度上造成了我国老年人居家养老服务使用率较低的现状。

6.2　中国老年人居家养老服务利用的影响因素分析

6.2.1　变量选择

安德森健康行为模型是目前服务利用研究方面使用最广泛的一个理论框架（Krout J，1983；Wan T，1981；Ward R，1977）。在这个理论框架中，影

响个人健康服务使用的因素被分为三类，即前倾因素、能力因素和需求因素。

为了进一步分析我国老年人居家养老服务利用的影响因素，笔者按照安德森健康行为模型的理论架构，并根据以往学者的研究经验，从2006年的调查中选取了13个变量来进行回归分析，主要的变量处理如下。

因变量："居家养老服务利用"，二分类变量，用过=1，没用过=0。

根据2006年的调查，将老年人在任一居家养老服务项目上回答"用过"的即视为"用过"居家养老服务项目；10项均没有使用过的为"没用过"居家养老服务项目，前者为"用过"=1，后者为"没用过"=0。

自变量（虚拟变量中赋值为0的为参照组）。

前倾因素：性别（女性=0，男性=1）；年龄（80岁及以上=0，70~79岁=1，60~69岁=2）；受教育程度（文盲/半文盲=0，小学/初中=1，高中及以上=2）；婚姻状况[①]（无配偶=0，有配偶=1）；居住安排（独居=0，与配偶居住=1，与其他人居住=2）；子女数量（0~3个=0，4~6个=1，7~9个=2，10个及以上=3）；离退休状况（离休=0，退休=1，从未工作=2，其他=3）；离退休前职业（机关/事业=0，企业=1，其他=2）。

能力因素：社会养老保障（无=0，有=1）；自评经济状况（困难=0，一般=1，宽裕=2）；社区居家养老服务项目数量（2项及以下=0，2项以上=1）。

需求因素：生活自理能力[②]（不能自理=0，部分自理=1，完全自

---

① 老年人当中未婚和离婚的比例较低，各占0.9%和0.4%，因此将丧偶、离婚和未婚合并为"无配偶"这个变量。在无配偶老年人当中，丧偶的比例是最高的，达到了94.7%。无配偶老年人的分析结果在很大程度上代表了丧偶老年人的情况。

② 2006年调查，共调查了老年人在ADL和IADL共16项活动上的自理能力，回答选项包括"不费力""有些困难"和"做不了"。我们主要根据ADL对老年人的生活自理能力进行分类，在ADL的6项活动中任一项回答"做不了"的即为"不能自理"，ADL的6项活动中均回答"不费力"的为完全自理，其余为部分自理。

理 =2）。

需要说明的是，考虑到2006年的农村问卷中，并没有调查农村老年人在非基本居家养老服务6个项目中的利用情况，为了分析结果的准确性，此部分的分析主要以城市老年人的调查数据为主。

6.2.2　主要结果分析

由表6-4可知，在自变量的描述统计结果分析中，与男性相比，女性老年人使用过居家养老服务的比例略高；高龄老年人比低龄老年人的使用比例更高；文化程度为高中及以上的老年人的使用比例更高；不同婚姻状况和居住安排的老年人，使用居家养老服务的比例相差不大，但无偶和独居老年人的使用比例略高；子女数较多的老年人，服务使用比例更高；离休老年人使用居家养老服务的比例高达16.5%，而其他老年人仅为6.7%；离退休前的职业为机关/事业单位的老年人使用居家养老服务的比例明显高于企业离退休老年人；自评经济宽裕的老年人的使用比例更高；社区居家养老服务项目的数量在2项以上的老年人的使用比例明显高于社区居家养老服务项目的数量在2项及以下的老年人；生活不能自理的老年人的使用比例高出自理老年人4.2个百分点。

进一步将12个自变量用Enter方法纳入回归方程，最后进入方程并且影响显著的变量如表6-5所示。从总体情况来看，方程整体拟合效果良好，所有自变量均在0.000的水平上对因变量产生显著影响。12个自变量通过检验均进入了回归方程中，并且各自对因变量产生不同的影响。

前倾因素中，性别、年龄、受教育程度、婚姻状况、居住安排、子女数量、离退休状况、离退休前职业均对老年人的居家养老服务使用产生显著的影

响作用。女性、高龄、文化程度较高、无配偶、独居、子女数量较多、离休、机关/事业单位的老年人要比男性、低龄、文化程度较低、有配偶、与配偶/其他人居住、退休、企业和其他单位老年人更有可能使用居家养老服务。与女性相比,男性使用居家养老服务的可能性更低,后者仅为前者的0.916倍;低龄老年人使用居家养老服务的可能性仅是高龄老年人的0.767倍;子女数量在7~9个的老年人,他们使用居家养老服务的可能性是子女数为0~3个的老年人的1.153倍;从机关/事业单位离退休的老年人,使用居家养老服务的可能性更高。

能力因素中,经济状况与居家养老服务之间呈现正向相关关系,即经济状况越好的老年人,越有可能会使用相关的居家养老服务。社区居家养老服务项目数量较多的老年人,也比社区居家养老服务项目数量较少的老年人更有可能使用正式的养老服务。

需求因素中,生活自理能力也与居家养老服务的使用显著相关。随着生活自理能力的下降,老年人使用居家养老服务的可能性也随之增大。与不能自理的老年人相比,完全自理老年人使用居家养老服务的可能性仅为前者的0.619倍。

可见,在我国老年人的居家养老服务利用中,前倾因素、能力因素和需求因素都与老年人的服务利用显著相关。其中,前倾因素中表现出女性、高龄、文化程度较高、无偶、独居、子女数量较多、离休和从机关/事业单位离退休的老年人,更有可能使用居家养老服务;能力因素中那些经济状况较好、享受社会养老保障和所在社区的居家养老服务项目较多的老年人,使用相关服务的可能性更高;需求因素中,生活自理能力较差的老年人更有可能使用相关的服务。

表6-4　自变量主要特征描述　　单位:%

自变量	使用过居家养老服务的比例	在总样本中的比例
性别:(女性)	11.8	51.8
男性	11.5	48.2
年龄组(岁):(80岁及以上)	14.1	9.9
70~79	11.6	34.1
60~69	11.2	56.0
受教育程度(文盲/半文盲)	10.2	18.8
小学/初中	11.0	58.0
高中及以上	14.3	23.2
婚姻状况(无配偶)	12.0	18.3
有配偶	11.5	81.7
居住安排(独居)	12.0	8.3
与配偶同住	11.5	41.4
与其他人同住	11.6	50.2
子女数量(0~3个)	11.2	16.9
4~6个	11.7	49.2
7~9个	11.6	20.4
10个及以上	12.0	13.4
离退休状况(离休)	16.5	4.6
退休	11.8	72.8
从未工作	11.0	18.3
其他	6.7	4.3
离退休前职业(机关/事业)	13.6	27.6
企业	11.5	70.4
其他	10.0	2.0
社会养老保障(无)	9.4	54.3

续表

自变量	使用过居家养老服务的比例	在总样本中的比例
有	14.4	45.7
自评经济状况(困难)	9.2	22.2
一般	11.6	60.2
宽裕	15.0	17.6
社区居家养老服务数(2 项及以下)	9.1	51.1
2 项以上	14.2	48.9
生活自理能力(不能自理)	15.4	5.0
部分自理	13.6	9.7
完全自理	11.2	85.3

注:加权后总样本数为 38 557 774 个。

表 6-5　老年人居家养老服务利用影响因素的 Logistic 回归分析结果

自变量	B	Sig.	Exp(B)
性别:(女性)			
男性	-0.088	0.000	0.916
年龄组(岁):(80 岁及以上)			
70~79	-0.246	0.000	0.782
60~69	-0.265	0.000	0.767
受教育程度(文盲/半文盲)			
小学/初中	0.158	0.000	1.171
高中及以上	0.399	0.000	1.491
婚姻状况(无配偶)			
有配偶	-0.090	0.000	0.914
居住安排(独居)			
与配偶同住	-0.197	0.000	0.822

续表

自变量	B	Sig.	Exp(B)
与其他人同住	-0.099	0.000	0.906
子女数量(0~3个)			
4~6个	0.127	0.000	1.136
7~9个	0.142	0.000	1.153
10个及以上	0.049	0.000	1.051
离退休状况(离休)			
退休	-0.415	0.000	0.660
离退休前职业(机关/事业)			
企业	-0.104	0.000	0.901
其他	-0.505	0.000	0.603
社会养老保障(无)			
有	0.659	0.000	1.934
自评经济状况(困难)			
一般	0.301	0.000	1.351
宽裕	0.543	0.000	1.721
社区居家养老服务数(2项及以下)			
2项以上	0.403	0.000	1.496
生活自理能力(不能自理)			
部分自理	-0.330	0.000	0.719
完全自理	-0.480	0.000	0.619
Constant	-1.844	0.000	0.158

6.3　中国老年人居家养老服务需求、供给与利用的落差分析

一个理想的服务体系应该是在充分评估服务对象的服务需求之后，为其提供所需的服务，并且确保服务在输送过程中能够被尽可能多的服务对

象所使用和获得。在使用过程中要进一步评估所提供的服务是否符合使用者的需求，并随时做出反馈和调整，从而形成一个需求评估—服务供给—服务利用—需求评估……的过程。在这个过程中，服务需求、服务供给和服务利用之间应该是尽可能重合无落差的。但事实上，服务对象的需求往往是多样并且多变的，服务供给会受到诸如人员、资金、福利制度、市场环境等各种条件的制约，而服务利用也会受到服务输送链中各种客观因素、服务输送终端的服务者和被服务者个人及家庭等各种因素的影响。因此服务的需求、供给和利用之间常常是有一定落差的，这之间的落差越小，说明服务需求被满足的情况越好；反之，则不仅会影响服务对象的需求满足情况，还会造成服务资源的浪费和公众对服务政策的负面评价。

如前所述，目前我国居家养老服务的利用水平是较低的，从而导致了我国老年人在居家养老服务需求、服务供给和服务利用之间的落差与不平衡。利用2006年数据，本部分具体分析了这种落差的现状，并指出了我国居家养老服务在城乡、地区之间的不均等现象。

6.3.1 我国居家养老服务需求、供给与利用落差的总体情况

如表6-6中的数据所示，目前我国居家养老服务项目的供给比例总体较低，只有上门看病服务的供给率相对较高。被调查的老年人回答所在社区能够提供上门看病服务的比例达到了55.5%，但回答所在社区能够提供其他服务的比例都只有20%左右。相对于供给水平来看，老年人对这些项目的利用水平普遍较低，其中上门看病服务算是老年人回答利用比较多的服务项目（25.9%），其他服务项目的利用水平都普遍较低，有些服务项目（上门护理）老年人回答利用过的比例仅为1.5%。

为了更直观地看出老年人在服务需求、服务供给和服务利用之间的

落差,将表6－6中第一列的服务需求比例(A)减去第二列的服务供给比例(B)可得需求与供给之间的差值,即“需求差”,该值结果越大表明供需缺口越大;同样地,将第二列的服务供给比例(B)减去第三列的服务利用比例(C)可得供给与利用之间的差值,即“利用差”,该值结果越大表明服务过剩越多。

表6－6　我国居家养老服务项目的需求、供给与利用状况　　单位:%

服务项目	服务需求(A)	服务供给(B)	服务利用(C)	利用差(B－C)	需求差(A－B)
上门做家务	29.0	22.9	2.0	20.9	6.1
上门护理	30.5	20.5	1.5	19.0	10.0
上门看病	56.4	55.5	25.9	29.6	0.9
聊天解闷	39.0	17.0	5.5	11.5	22.0

结果表明,被调查的老年人在居家养老服务需求、服务供给和服务利用之间落差明显。首先,服务供给与利用的落差反映出在目前的居家养老服务中,存在着普遍的服务过剩问题,服务过剩比例最高的是上门看病服务,供给与利用之间的落差达到了29.6%;其次是上门做家务服务,供给与利用之间的落差也超过了20%。但是,从服务需求与服务供给之间的落差来看,我国在居家养老服务中,供需不平衡的现象还比较严重,除上门看病服务的供需基本平衡外,其他各类居家养老服务项目的供给缺口还是比较大的,尤其是精神慰藉类的服务需求大于供给的现象非常严重,如聊天解闷服务的需求比例高于供给比例的落差达到了22%。

一方面是服务供给跟不上老年人的服务需求;另一方面却是服务利用远远低于服务供给,需求得不到满足和服务得不到利用的矛盾现象并存,这是值得引起注意的问题。从实地调研情况来看,由于在我国的居家养老

服务过程中,“自上而下”的服务供给模式还比较普遍,政府在推行服务过程当中,主要从政府提供服务的资源、能力出发,仅能覆盖一小部分生活困难的老年人,大部分老年人是覆盖不了的。并且社会养老服务的发展还相对滞后,老年人对居家养老服务的了解程度和认知水平也比较低,购买服务的愿望和能力还停留在一个较低的层次,这都在一定程度上制约着老年人对相关服务的认知和使用。因此,尽管实际上有需求,但由于种种条件的制约,老年人实际利用服务的比例却比较低。

6.3.2 我国居家养老服务需求、供给与利用落差的城乡差异

我国城乡和地区间的发展差异也在很大程度上影响了居家养老服务的发展。在一些经济发达的城市地区,居家养老推行的力度较大,社会养老服务发展较快,老年人的经济收入水平和服务认知程度也较高;而在一些经济不发达的地区,尤其是广大的农村地区,无论是在社会养老、居家养老的服务发展方面,还是在老年人的经济收入以及服务认知方面,都相对落后。从目前我国居家养老服务的需求、供给与利用情况来看,城乡以及地区差异的特点也是非常明显的。

如表 6－7 中的数据显示,我国城市地区居家养老服务的供给比例是比较高的。有超过 50% 的老年人回答所在社区可以提供上门护理、上门看病以及法律援助等服务。但从利用水平看,老年人对这些服务的使用程度依然是不高的。有 7% 的老年人回答使用过上门做家务,5.4% 的老年人回答使用过上门看病,利用其他服务项目的比例则都在 2% 以下。这种供给和利用之间的落差反映了服务过剩现象。另外,从老年人对居家养老的服务需求与现有服务供给的落差来看,也表现出现有服务供大于求的现象,尤其是在城市地区,如上门护理和上门做家务的供给比例都超出需求比例 40 多个百分点。

与城市地区居家养老服务需求不足、供给过剩的情况不同，我国广大农村地区的居家养老服务则存在着明显的需求较高、供给不足的现象，但同城市地区相同的依然是居家养老服务项目的利用水平偏低。

表6-7　城市居家养老服务项目的需求、供给与利用状况　　单位：%

服务项目	服务需求（A）	服务供给（B）	服务利用（C）	利用差（B-C）	需求差（A-B）
上门做家务	18.8	68.2	7.0	61.2	-49.4
上门护理	13.8	55.1	1.9	53.2	-41.3
上门看病	20.5	59.8	5.4	54.4	-39.3
聊天解闷	16.8	24.6	1.5	23.1	-7.8
老年人服务热线	17.1	23.7	0.9	22.8	-6.6
老年饭桌或送饭	11.5	19.5	0.4	19.1	-8.0
陪同看病	13.0	20.7	0.7	20.0	-7.7
帮助日常购物	10.9	21.8	0.5	21.3	-10.9
康复治疗	21.0	43.8	1.9	41.9	-22.8
法律援助	22.2	55.9	0.8	55.1	-33.7

如表6-8中的数据所示，我国农村被访老年人中回答所在社区提供上门护理、上门看病、上门做家务和聊天解闷的比例分别比城市相应比例低了46.9个、5.9个、61.4个和10.3个百分点，城市和农村之间在居家养老服务的供给上存在着明显的不均等现象。

表6-8　农村各类社区居家养老服务项目的供需状况　　单位：%

服务项目	服务需求（A）	服务供给（B）	服务利用（C）	利用差（B-C）	需求差（A-B）
上门做家务	32.2	6.8	0.4	6.4	25.4
上门护理	35.9	8.2	1.3	6.9	27.7
上门看病	67.8	53.9	32.4	21.5	13.9
聊天解闷	46.8	14.3	6.9	7.4	32.5

分析需求差可以看出，我国农村居家养老服务供给小于服务需求的情况非常明显。农村老年人自报需要各种服务的比例明显高于服务供给比例，上门做家务、上门护理、上门看病和聊天解闷服务的需求差分别达到了25.4个、27.7个、13.9个和32.5个百分点，表现出严重的供给不能满足需求的特点。然而从利用差来看，农村老年人较低的居家养老服务利用率，又造成了服务供给相对过剩的情况。农村老年人在上门做家务、上门护理、上门看病和聊天解闷服务的利用差分别达到了6.4个、6.9个、21.5个和7.4个百分点。

随着社会经济的发展和城乡人口流动的加剧，农村老年人的养老问题开始引起关注。与城市老年人相比，农村老年人无论是在医疗、护理、日常生活，还是在精神慰藉方面都有着更大的服务需求。

6.3.3 我国居家养老服务需求、供给与利用落差的地区差异

从表6-9可以看出，老年人的居家养老服务需求呈现明显的西部高于中部，而中部又高于东部的趋势。首先，老年人对上门看病和精神慰藉的需求都比较高，需求比例均高于30%；其次，老年人对上门做家务和上门护理的需求比例，大都超出了25%，西部地区老年人的需求比例则超出了40%以上；最后是老年人在康复治疗以及法律援助等方面的服务需求，有20%左右的被访老年人回答有此方面的服务需求。另外，西部地区的被访老年人在生活照料和精神心理方面的需求要更高一些。

不同地区在居家养老的服务供给方面也存在着明显的差异，东部供给水平高于中部，而中部供给水平又高于西部。在老年饭桌、上门做家务、上门护理、上门看病以及日常购物等服务方面，东部地区的供给比例都明显高于中、西部地区。

从服务利用情况来看，无论是东部地区，还是中、西部地区，各类居家

表6-9　东、中、西部地区居家养老服务项目的需求、供给与利用情况 单位:%

服务项目	东部			中部			西部		
	需求	供给	利用	需求	供给	利用	需求	供给	利用
上门做家务	25.9	31.4	2.2	24.6	18.5	1.6	41.1	13.9	2.0
上门护理	25.2	29.1	0.9	28.7	16.9	2.3	42.8	10.2	1.2
上门看病	47.3	56.6	18.3	59.6	59.5	36.5	67.6	47.4	23.5
聊天解闷	32.8	17.3	2.5	36.7	15.9	7.4	53.9	18.1	8.1
老年人服务热线	14.3	22.8	0.5	18.2	23.4	1.2	25.8	27.7	2.0
老年饭桌或送饭	8.8	22.1	0.4	11.7	15.7	0.6	21.4	15.7	0.2
陪同看病	10.9	23.7	0.6	12.8	16.0	1.2	20.9	16.3	0.5
帮助日常购物	8.2	24.6	0.5	11.7	17.2	0.9	19.8	18.1	0.3
康复治疗	19.4	45.0	1.5	21.9	42.0	3.0	25.6	41.7	1.7
法律援助	19.6	55.8	0.5	26.0	55.4	1.1	26.0	57.3	1.3

养老服务项目的利用水平都比较低。其中,老年人对上门看病的利用比例最高,中部地区为36.5%,东、西部地区则在20%左右;老年人在老年饭桌、日常购物等方面的服务利用比例较低,均在1%以下;另外,中、西部地区老年人的服务利用水平普遍要较东部高。在东部地区,除了上门看病之外,只有聊天解闷和上门做家务的利用率较高,为2.5%和2.2%。

从老年人的服务需求与服务供给之间的落差情况看:①在东部地区,老年人在除了聊天解闷之外的居家养老服务项目上的需求比例都明显小于供给比例,表现出服务过剩的现象,表明东部地区老年人的精神慰藉需求得不到满足的情况比较明显;②中部地区的老年人,在上门做家务、上门护理、上门看病以及聊天解闷等方面的需求远远高于供给比例,表明在这些基本居家养老服务项目上存在着供给不足的问题,在其他非基本居家养老服务项目上,则存在着服务相对过剩的现象;③与中部地区相同,西部地区在基本居家养老服务项目上也存在着需求比例大于供给比例的现象,表现出服务供给不足的问题。另外,西部地区在老年饭桌或送饭、陪同看病和帮助日常购物等非基本居家养老服务项目上,也存在着需求比例大于供

给比例的供给不足问题，与东部地区和中部地区相比，西部地区居家养老服务项目供给不足的问题更加明显（表6－10）。

表6－10　东、中、西部地区居家养老服务项目的供给、需求与利用落差情况

单位：%

服务项目	东部		中部		西部	
	利用差	需求差	利用差	需求差	利用差	需求差
上门做家务	29.2	－5.5	16.9	6.1	11.9	27.2
上门护理	28.2	－3.9	14.6	11.8	9.0	32.6
上门看病	38.3	－9.3	23.0	0.1	23.9	20.2
聊天解闷	14.8	15.5	8.5	20.8	10.0	35.8
老年人服务热线	22.3	－8.5	22.2	－5.2	25.7	－1.9
老年饭桌或送饭	21.7	－13.3	15.1	－4.0	15.5	5.7
陪同看病	23.1	－12.8	14.8	－3.2	15.8	4.6
帮助日常购物	24.1	－16.4	16.3	－5.5	17.8	1.7
康复治疗	43.5	－25.6	39.0	－20.1	40.0	－16.1
法律援助	55.3	－36.2	54.3	－29.4	56.0	－31.3

从供给与利用之间的落差情况来看，东、中、西部地区都存在着过低的利用率而导致的服务过剩现象，尤其是在康复治疗以及法律援助方面，服务供给与服务利用之间的落差都相当大。此外，从分地区情况来看，东部地区居家养老服务项目的利用差也远远高于中、西部地区。

6.4　中国老年人居家养老服务利用影响因素的定性分析

服务的需求、供给与利用之间的关系复杂，年龄、性别、教育程度、经济以及身体状况、文化传统等都会影响它们之间的关系。为了进一步探讨影响我国老年人居家养老服务利用的深层次原因,本部分根据深度访谈的资料,主要围绕老年人对居家养老服务的态度和影响我国老年人居家养老服务利用的有关因素等做了进一步的分析[①]。

6.4.1　服务认知水平低

以往的研究表明,服务认知是影响老年人及其家庭对正式照料服务使用的重要因素,老年人及其家庭对居家养老服务的理解和对如何获得服务的认知程度越高,其使用相关服务的可能性就越大(Crist et al,2007;Myunghan et al,2010)。尤其是在家族文化较为突出的亚洲国家,如中国、韩国,服务认知对正式养老服务的利用关系更为密切。在这些国家,老年人的照料被认为是家庭的责任,因此他们大都不会积极地去了解和寻找可供利用的正式照料服务,尤其是当老年人的配偶在世时,很少有人去主动利用相关的正式服务。

老年人的"政府情结"依然很重,他们充分信赖政府、信赖组织,认为"家庭"才是养老责任和养老服务的主体力量,政府及社区都不是承担照料责任和服务义务的部门。一旦有了服务需求,他们只会在家庭内部寻求帮助,不会也不愿意去找社区或者政府给予解决。他们对养老服务的认知水平普遍较低,更不会主动要求使用相关的养老服务。

6.4.1.1　*养老主要靠子女*

"养儿防老"的思想在被访者的观念中依然根深蒂固,他们对养老责任的划分非常清楚,除了在经济上认为政府应该给一些支持之外(如城市老年人大都希望政府可以提高养老金的水平,农村老年人则希望政府能够给予一定的补贴),其他诸如生活照料等方面的需求都是由子女(主要是儿子)负责提供。

江苏的被访者JDM是一位独居的老人,由于在她父亲生病的时候,就

---

① 定性资料的来源及搜集方法详见第4章。

是由她儿子请的护工照顾的，所以老人理所当然地认为当自己老的时候，儿子也会负责对她的照顾。还有一些老年人认为自己“把孩子拉扯大”就是要在晚年他们为其提供照料，这是天经地义的。但有的老年人也对子女照顾自己表示担心，认为将来子女的照料负担会很重，只能自己“将就应付”。除此之外，在子女和一些基层工作人员的眼中，“养儿防老”的观念也很强烈，他们普遍认为政府可以给老年人经济上的支持，但在日常生活的照料和服务方面，子女依然是最主要的承担者。

重庆 WMQ：“我儿子岁数大了，我有孙子、有外孙啊，这些人还可以帮助我，我没有什么要求的。”

6.4.1.2　对正式照料服务期望值较低

长期的家庭养老模式使老年人对正式照料服务的期望值普遍较低，在他们的眼中，由政府提供或者组织上门服务是不太可能的一件事，被访的老年人对我们提出的居家养老服务设想也感到非常渺茫。

湖北 LFC：“我觉得上门服务是不太可能的，哪有那么多人来服务。政府最多照顾一些钱就很好了，派人过来是不可能的，这是我们的想法。我们村里有几个这种情况，比如，老太太病了就由老头儿照顾，老头儿病了就由老太太照顾。”

6.4.1.3　不愿给政府找麻烦

许多被访的老年人认为向社区或者政府提出照料要求是“找麻烦”的行为，他们大都习惯自己克服困难，或者在家庭内部解决问题，向别人提要求被认为是不妥的。

湖北的高龄老年人 LDY 在患有阿尔茨海默病的妻子去世之前一直负责照顾她，尽管照顾的过程非常辛苦，但老人从没有请求过社区或者其他人的帮助，在他看来这是挺“不好意思”的一件事。

另外一位黑龙江的老人 WGY，她照顾瘫痪的老伴已经很多年了，自己眼睛有白内障，视力非常模糊。尽管如此，她依然独自照顾失能的老伴,在问起是否可以向社区提出照料的要求时,她回答还是“自己克服吧”。

另外一些知道社区里有居家养老服务项目的老年人,他们也不愿意去利用相关的服务。一方面,有些老年人认为自己有儿有女,就不好再找社区帮助;另一方面,也有一些老年人希望能够保持自己“独立自主”的一贯作风,不希望寻求外面的帮助,从而降低或者减弱自己“独立、能干”的印象。黑龙江的YYH老人照料失能的老伴已经11年了。尽管在访谈中老人频频说起照料过程的艰辛和困难,但当问起对居家养老服务的使用意愿时,老人仍然表示自己不是“麻烦别人的那种人”,反复向笔者强调人要“争气”“独立”,这样别人才会“佩服”。

黑龙江YYH:“我这人一辈子,我给谁干活都能付出,就不愿意支使人,不愿意劳累别人,儿女我都不劳累。我从年轻到现在,爹妈、哥兄弟、姐和妹,我们都是尽量靠自己的双手创造幸福,人就要有点志气。”

6.4.2　“不欠人情债”

“人情”是中国社会人际关系中的一个重要词语,它是一种无形而又强势的道德规范和生活准则,约束着人们的人际交往行为(阎云翔,2000;李晓玲,2007)。

这种根深蒂固的“人情”观念也阻碍了一些老年人去主动寻求外界的帮助。由于人情交往讲究“不可清算”和“增量回报”,因此人们在回报人情时往往感到一定的压力。在访谈时,许多老年人说自己不愿意轻易向其他人或者社区提出帮忙、服务的要求,主要的原因就是怕“欠人情债”。

四川2号被访者:“困难还是有的,克服就是了。真正欠人家人情债我们又还不清。人家救助你,人家支援你,你把药买来吃了,人家有事,我们必须还人家,所以我们就尽量自己克服。”

6.4.3 对"外人"服务的防备

中国是一个典型的家族取向的社会。与西方文化中的"家"的概念不同,中国对家庭的界定范围是很广的,从有血缘关系的亲属延伸到没有血缘关系的老乡和朋友,都可以纳入这个"家庭"中。中国的家庭又是一个较为封闭的系统,强调的是系统内的团结和忠诚,有强烈的"自己人"的观念,凡是在这个系统内的"家庭成员"都是一个集体,成员内部的互助和协作都是合理和必须的。

这种强烈的家族取向的观念,使得中国人对"外人"有着一种天然的防范和戒备心理,尤其是在迅速转型的现代社会,生活节奏的加快和人际关系的弱化,人们对"陌生人"的防范心理更加严重。这种对"外人"的心理戒备在一定程度上影响了老年人对一些上门服务的认可和接受。一方面,他们认为养老主要是家庭成员的责任;另一方面,他们对让"外人"来为自己服务有着一种戒备的心理,这都影响着老年人对居家养老服务的接受与利用。即使一些老年人接受并使用了相应的服务,也会感到"不自在"或者"不方便"。

湖北3号被访者:"不知道也没用过(居家养老服务),害怕是骗人的。不认识的还是不要来服务,这样不放心,社区认识的还行,不认识的就不行。"

黑龙江YYH:"就我一个人照顾老伴,孩子要雇人,我寻思家里多一个外人,多不方便。我现在身体还算可以,我说等以后实在不行了再说。儿女有一回都把保姆带家来了,叫我给撵走了。"

湖北8号被访者:"我觉得还是侄儿家好些,我觉得外人照顾不方便,我也不好意思让别人帮我做事,心里过意不去。我没有这方面要求。"

在上面的访谈记录里,被访者的口中频频出现的几个词就是"外人""别人""不方便"等。另外,还有照料责任的问题,这都是老年人在使用相关服务时的一些顾虑和阻碍。

6.4.4 收入水平限制服务使用

我国居家养老服务的一个重要输送方式就是政府购买服务，即政府出资向服务公司购买服务，服务公司则根据老年人的需求为其提供相应的服务。由于政府投入有限，目前各地能够享受到政府购买服务的老年人大都是一些孤寡、“三无”或者家庭经济特别困难的老年人，其余老年人则需要向市场购买服务。

由于我国老年人的总体收入偏低，再加上老年人保守的消费观念，许多老年人并不舍得花钱购买服务。尽管居家养老服务的收费价格已经低于市场同类服务的价格，但很多老年人仍然觉得价格较高。在访谈中，很多被访的老年人害怕没钱去购买相应的服务，或者一旦出现需要花钱购买的服务就不再继续使用，在一定程度上导致了服务的不被利用。

黑龙江 WXL：“实在动不了，有这样的服务，花钱也行，到时候就怕没钱。”

6.4.5 服务目标与服务结果的背离

以往的研究表明，服务项目的单一和服务人员的不专业是我国开展居家养老服务工作面临的主要问题（全国老龄办，2008；孙泽宇，2007）。就服务人员的队伍来讲，目前各地的居家养老服务人员主要有三种：社区本身的工作人员，或者公益性岗位的人员；政府购买服务的服务公司派出的劳务人员；各类志愿服务人员。这些人员在提供服务时，有的是因为缺乏必要的专业技能培训，包括为老年人服务的态度、心理和技能知识，在为老年人提供服务时不注重与老年人的沟通和交流，导致老年人的心理受到影响，从而不愿意再次购买和利用服务；有的是将为老年人服务等同于普通的家政服务，只负责解决老年人的吃饭、房屋打扫等简单的家务劳动，而许多老年人急需的照料、护理、心理慰藉等服务流于形式,影响了老年人对居家养老服务的认识与利用。另外,居家养老服务人员本身较低的社会地位和物质待遇也导致了许多专业的护理人员并不愿意从事居家养老服务工作,而愿意从事这一工作的大多数是专业知识较低的外来务工人员和下岗工人等。因此,服务内容本身的单一和服务质量不高都在一定程度上影响了老年人对居家养老服务的使用。

此外,由于老年人的服务需求是多方面的,包括医疗卫生、康复护理、生活照料、心理慰藉、文化娱乐等各个方面,仅靠一两个部门的投入和配合是远远不够的。

安徽 ZZY:"社区里也有一些免费量血压和血脂的活动,但多是社区为了完成任务而为的,社区老人家里大多数有一些简单的医疗器械,不需要这些很简单的体检,而且感觉大多数义诊不是很正规……"

黑龙江老龄办工作人员 SLY:"当老年人拿到老年证不好使的时候,对他内心是一种伤害,就影响他了。"

上述两位被访者所反映的都是老年人在使用相关服务时的一些感受和评价。事实上,政策目标与政策结果的背离在居家养老服务工作中是比较普遍的。比如,比较普遍的"居家养老服务券",本意是让困难老年人购买服务的服务券,在实际操作过程中却变成了购买日常生活用品的"购物券"。一方面,提供服务的内容少,仅包括清洗衣物、理发、刮胡子、洗头等;另一方面,老年人对这些服务并不急需,服务也不能很好地满足老年人的要求,包括"理发难预约""衣服不如家里洗得干净""浴池离家太远""居家养老服务券不能购买医疗服务"等,这些都造成了老年人对购买服务的望而却步,为避免浪费只能去购买一些生活必需品(千龙网,2009)。

6.4.6 "服务门槛"限制服务利用

由于目前居家养老服务的覆盖范围还比较有限,大部分地区的服务对象仅限于一小部分群体,如“三无”、优抚、空巢、失能或者经济收入较低等特殊困难群体,而且大都针对的是本地户口的老年人,随子女迁移的老年人口大都不被包含在内。因此,许多老年人是被排除在这个服务体系之外的。

安徽独居老年妇女小组:“现在的老年人大部分是文盲,这个时候要是想看看报啊、看看书啊,都很难,办老年学校也没有人去,很难。”

黑龙江PM:“有老年活动室,但我们家老爷子户籍不在这儿。”

另外,一些社区为丰富老年人的文化生活还开辟了图书室、阅览室等活动用房,但去这里活动的大都是一些有一定教育水平的老年人。笔者在安徽调研的时候,有独居女性老年人反映的一个主要问题就是图书室或者老年大学的利用问题。这些老年女性大都文化水平较低,许多甚至不认识字,对于社区开办的图书室或者老年大学,她们普遍反映因为文化程度有限,实际上很少到那里去活动。

6.4.7 使用条件造成服务闲置

老年人由于年龄的增长和知识水平更新较慢,对电子产品、通信设备等新技术、新事物的接受和掌握都要低于其他年龄人群。为了满足老年人,尤其是独居和空巢老年人紧急呼救的需求,许多地方为老年人配置了紧急呼叫器,或者一键通等通信呼叫设备。但在访谈中,许多老年人谈到了在使用这些呼叫设备时,由于不会使用、听力不好等原因,设备反而成了摆设,老年人依然面临突发状况时无人支援的风险。另外,还有一些呼叫器要和固定电话连在一起,但由于固定电话每月要交几十元钱的座机费,而手机则可以实打实交,因此许多老年人宁愿打手机也不愿意装固定电话,也就无法安装和使用呼叫器了。

还有一些地方为了更好地为老年人服务,建立了为老服务信息网,将有关服务项目的介绍、服务内容的申请以及服务人员的信息等公布在了网

上,希望通过电子化的方式更快地了解老年人的需求,并方便老年人及时了解相关的信息和申请相应的服务。但由于老年人大都不会用计算机,也不会上网,所以这项服务的实际利用率也是非常有限的。

6.4.8 随机性的服务阻碍服务利用

老年人的服务需求有应急性和非持续性的特点。许多老年人一般平日生活大都能自理,但遇到突发事件或临时生病不能照顾自己的时候,就有了对服务的需求;还有一些老年人虽然失能,但因为有家庭成员的照料,因此服务需求多是在家庭成员不能负担照料重任的某个时刻显现出来的。随着身体状况的不断变化,老年人对服务的需求时间、需求内容和所需服务的强度等都会发生相应的变化,因此在为老年人服务的过程中就必须密切关注这些需求的变化,并随时调整所能提供的服务。

6.4.9 服务设置不贴合实际情况

居家养老服务中服务设置不符合老年人实际需求和实际情况的现象,也在一定程度上影响了老年人对居家养老服务的使用。笔者在某地的访谈中了解到,该地为了方便老年人的出行,为70岁以上的老年人办理了免费公交卡,但实际上由于70岁以上的老年人身体状况普遍较差,乘坐公交车的机会非常有限,因此许多老年人即使年龄符合政策要求,并没有去办理免费公交卡。

6.4.10 服务不能满足老年人的个性化需求

服务是否能够满足老年人的个性化需求也是影响老年人服务利用的一个主要原因。江苏的LMM虽然属于该社区的居家养老服务对象,可以由附近的学生志愿者每天从学校的食堂里给LMM送爱心午餐,但LMM的照料者反映,由于老年人的胃口小,且饮食喜欢软烂和清淡的,因此爱心午餐并不合老人的胃口,还是需要老人的照料者每天给她做午饭吃,并且根据老人的爱好和口味经常变换花样。

另外,家庭照料者与老年人之间长期生活而形成的那种熟悉感和默契感,也是正式的照料服务者很难轻易取代的。重庆的一位照料者反映,她的婆婆现在有点神志不清了,她只信任儿媳妇一个人,因为平日里的饮食生活都是儿媳妇负责,所以只有儿媳妇拿的饭菜老人才会吃,其他人拿的饭菜老人不但不吃,还会对这些人进行打骂。

6.4.11　宣传力度差导致老年人服务认知不高

我国老年人的家庭养老观念普遍较强,在他们的观念中,老年人的照料主要是家庭成员的责任,政府或者街道、社区并不承担对老年人(主要是有子女的老年人)的照料责任,他们也很少有花钱购买养老服务的思想。对于这些老年人来讲,首要的问题就是要转变他们的养老观念,增强他们主动寻求服务资源、花钱购买服务项目和充分利用服务资源的意识。

仍以访谈某地的居家养老服务信息网为例,由于网站开设之后向老年人宣传得较少,许多老年人并不知道这个网站,对于网上提供的服务信息也并不了解。据笔者访谈的对象介绍说,尽管她平时经常上网,对电脑操作也很熟悉,但从来没有听说过这个网站,社区里面也没有宣传和介绍过,因此她从来没有浏览过这个网页,即使在老伴患了老年阿尔茨海默病之后,她需要经常上网搜索相关的医疗信息,也没有注意到这个能为其提供服务的网站。

第7章

断裂的服务链：居家养老服务现状与对策回应

为了从整体和全局的角度来进一步分析我国在推进居家养老服务中存在的主要问题，本章借助服务链这一理论框架，具体分析了我国居家养老服务在服务供给（即产品生产）、服务输送（即产品流通）和服务利用（即产品消费）过程中存在的问题，并针对这些问题提出相关的对策建议。

7.1 政策分析理论框架——服务链理论

7.1.1 服务链的定义

服务链的概念最早来源于管理学中的供应链理论。供应链的含义主要是指以核心企业为中心，通过对信息、资金、物流等资源的控制，将产品在生产和流通过程中涉及的不同企业、机构甚至最终消费者等连成一个大的网络（牛玉君，2007；王洪伟，2008）。但供应链网络更注重关注与产品生产过程密切联系的原材料供应商、生产商、分销商等上游企业的运营关系，对产品、服务输出给下游企业或消费者的关注较少。因此人们开始对后者进行进一步的研究,并发现企业在为消费者提供服务时并不是孤立存在的,服务企业或者机构间存在着一定的联系,就像是“链条”一样,同时又发现当服务企业之间形成这种“链条”关系之后,服务企业的服务效率和服务质量开始有了很大的提高(刘秋生等,2011),于是 Edward G 等学者在 1999 年首次提出了“服务链”的概念(苏蕾,2007)。

从目前的研究成果来看,国外学者更多地从服务供应链的角度来定义服务链(Yang Z et al,2003;Akkermans et al,2003;Kathawala、Abdou,2003;Ellram et al,2004),国内学者则更多地从服务网络的角度出发,认为服务链应该是向消费者提供各种服务的企业与机构组成的服务网络。胡正华(2007)认为,服务链是指以现代信息技术、物流技术、系统工程等现代科学技术为基础,以最大限度地满足消费者需求为出发点,把与服务有关的各个方面按照一定的方式有机地组织起来,形成完整的为消费者服务的网络。綦佳等学者(2006)认为,服务链是以最大限度满足消费者需求为出发点,把与服务有关的各个方面按照一定的方式组织起来的一个体系。朱要武等学者(2006)认为,服务链管理的重点在于如何集中和协调企业内部的采购管理、产品研发、生产运作、市场营销、服务方面的竞争优势,从而富有成效地向最终顾客提供满足其需求甚至超越其期望的产品。

可见,服务链就是为了最大限度满足消费者的需求,把各种相关的企业、机构和社会部门组成起来的一个网络。政府、企业、社会团体、民间组织等相关社会力量都可以纳入这个网络中,并根据服务链的要求发挥各自不同的作用,共同为消费者提供所需要的服务。

7.1.2　服务链的构成

服务链是由向消费者提供服务的各种行业企业及相关的社会部门所构成的。根据产品性质和消费者服务需求的不同,这些行业企业可以包括交通运输业、咨询服务业、金融保险业、维修服务业、医疗卫生业等相关行业和企业等;政府机构、社会团体、民间组织等政府和社会力量也可以被包含在这个网络中,共同为服务链的运转提供支持或为消费者直接提供服务。

7.1.3 服务链的特征

根据以往的研究,系统性、社会性、主动性、前瞻性、完整性和相符性是服务链的主要特点(綦佳等,2006;刘秋生等,2011;牛玉君,2007)。

系统性。服务链最初来源于供应链,因此具有和供应链相同的理论基础,其中最重要的就是系统论。服务链是一个由不同的行业企业或者社会部门构成的整体系统,这些行业企业和社会部门是主要的运行环节、子系统,服务链是否能够顺利运行,取决于这些环节、子系统之间是否可以集中互补、协同配合。

社会性。服务链不是一个闭合的系统,而是处于整个社会系统中的一个开放系统,需要社会力量和社会因素把与服务有关的行业企业和社会部门结合起来形成一个网络。

主动性。服务链应该主动寻找并创造客户需求,并为其提供合适的服务。

前瞻性。服务链的服务要有超前意识,在提供产品的时候,就应该着手准备与产品有关的服务。

完整性。服务链提供的服务应该是完整的,即要根据产品的特性提供全面的、全过程的服务。

相符性。服务链提供的服务应该是与消费者的服务需求相一致,服务不能满足需求表明服务链的中断,服务过剩则降低效率,造成资源浪费。

7.1.4 服务链的服务阶段

根据企业的服务过程,我们可以把服务链分为三个过程,即服务前期、服务中期和服务后期。

服务前期。主要是向消费者提供服务产品的信息和消费指导的信息,政府部门和一些信息服务部门是服务前期的主要参与机构。

服务中期。主要涉及影响企业生产、营销服务产品的各种服务,如银行信贷、金融保险、技能培训等,涉及的行业企业和部门包括金融、保险业以及各种专业技术行业和企业等。

服务后期。主要是企业将服务输送给消费者的阶段,根据消费者的服务需求不同,涉及的行业企业也更加多元。

这三个阶段形成了一个完整的服务链过程,在这三个阶段中涉及的不同行业企业和社会部门会分别扮演不同的角色,并相互影响和制约,共同维护服务链的稳定和高效。要维持一个稳定、高效的服务链,关键是要正确处理产品生产企业、服务提供企业和消费者三者之间的关系。产品生产企业要根据消费者的需求设计生产出不同的服务产品,服务提供企业则要根据产品生产企业的服务标准和服务要求将这些服务产品提供给消费者,产品生产企业和服务提供企业之间互相依赖、互相监督、互相支持,根据消费者的需求,共同为消费者提供所需要的服务。

7.1.5　服务链的影响因素

作为一个存在于社会系统内的服务网络,服务链不可避免地受到政治、经济、文化和社会等因素的影响。

政策的影响。如对某种服务业的政策导向强,扶持力度大,那么这个服务链的形成和发展就会更加快速和稳固,反之则不然。

地域的影响。在一个交通、通信等基础设施完善,投资环境宽松,市场井然有序的地区,更容易形成效率高而竞争力强的服务链。

人力资本的影响。这是企业进行技术创新、制度创新和管理创新的重要力量,是影响企业发展壮大的关键因素,也是一个服务链高效运转的动力和“润滑油”。

观念的影响。作为服务链的终端，消费者的服务需求和消费观念是影响服务链能否形成和是否有效的关键因素，若消费者的有效需求不足、消费观念落后，势必会影响和阻碍服务链的形成与发展。

7.2　居家养老服务链的构建

从概念的界定上来看，居家养老是一种养老方式，而居家养老服务则是实现这一养老方式的重要基础和保障。作为一种以老年人为对象的服务，居家养老服务有其特殊性，如它的服务对象主要是居住在家中的老年人，它的服务形式主要是上门服务，它的服务内容涉及老年人生活、身体、心理等各个方面；同时，它也有其作为“服务”产品本身的固有属性，如服务的无形性、服务与消费的同时性、服务的异质性、服务的不可存储性和易逝性等（牛玉君，2007）。但更为重要的是，服务产品在生产、流通和消费的过程中是不可能由单独的一个企业或部门完成的，需要多个行业企业和社会部门的共同配合，这个相关行业企业和社会部门所形成的共同体便成为一个网络——服务链。服务链中的各个“节”或“点”都是一个个企业或者相关部门，为了提高竞争力和所获利益，这些“节”或“点”会本着尽可能多地满足消费者服务需求的原则，分工协作，密切配合，共同为消费者提供丰富而优质的服务。

作为一种特殊的服务产品，居家养老服务在生产、流通和消费过程中，同样也处在一个服务链中，各种与居家养老服务这一产品相关的行业企业或社会部门都会纳入这一服务链中，各自发挥不同的作用，共同为居家老年人提供服务。因此，根据服务链的理论，笔者构建了一个居家养老服务链。由于服务对象及其服务需求的特殊性，导致了居家养老服务链在构成、服务特点和服务阶段等方面也有着自己独有的特征。

7.2.1　居家养老服务链的定义

根据服务链的定义以及居家养老的特点,笔者认为,居家养老服务链就是一个以最大限度满足居家养老老年人(及其照料者)的服务需求为目的,将涉及的行业企业、政府机构、社会团体和相关社会力量全部涵盖在内的服务网络。

根据这个定义,居家养老服务链的服务对象是居家养老的老年人,照料者有时也会成为这个服务链的服务对象;服务目标是最大限度满足居家养老老年人(及其照料者)的服务需求;服务主体则包含了众多企业行业、政府机构和相关社会团体等社会力量。

7.2.2　居家养老服务链的构成

如前所述,老年人的服务需求是多种多样的,包括医疗卫生需求、生活照料需求、康复护理需求、文化娱乐需求、社会参与需求以及居住环境改造等需求,而照料者也会有诸如心理咨询、技能培训、就业指导等服务需求。因此居家养老服务链所涉及的行业企业是相当多的,包括制造、建筑、批发零售、餐饮、金融、教育、文化体育和娱乐、卫生等各行业的企业都可能被涵盖在这个网络中;同时,由于居家养老服务兼具福利性和市场性的特点,政府部门会向部分困难老年人群体直接提供所需要的服务;许多社会组织,包括慈善组织、社会工作组织以及志愿者组织等也会向这些老年人提供相应的服务。所以居家养老服务链的构成是非常庞大的,几乎涵盖了与老年人服务需求相关的所有行业企业、政府机构和社会组织等。

7.2.3　居家养老服务链的特征

居家养老服务链除了具有和其他服务链同样的特点之外,由于其服务对象及服务项目的特殊性,还具有以下特点。

复杂性。与其他围绕单一产品形成的服务链不同，居家养老服务链面对的是居家老年人的多种服务需求，每一种服务需求都可以单独形成一个服务链，因此居家养老服务链的构成是非常庞大的，有其特有的复杂性。

多样性。这种多样性体现在多个方面。服务对象的多样性：老年人根据身体、经济、家庭等状况的不同，可以分成不同的群体，各自有着不同的服务需求。服务需求和服务内容的多样性：如前所述，老年人的服务需求涉及医疗、家政、康复、心理、文化娱乐等各个方面，对服务的需求是多种多样的，对应的服务内容也有着同样的多样性。服务主体的多样性：不仅包括多个行业的企业，还有政府机构、社会组织等作为服务提供的主体。

长期性。正是由于居家养老服务链的复杂性和多样性，决定了居家养老服务链的形成过程不可能是一蹴而就的，而是在一个较长的时期内，随着政策的完善、市场的成熟、消费者服务需求的不断提高而逐渐形成的。

7.2.4 居家养老服务链的服务阶段

根据服务链的服务阶段，按照服务产品生产、流通、消费的顺序，我们也可以把居家养老服务链的服务过程划分为三个阶段。

服务供给阶段，即服务产品的策划、生产和信息发布阶段。在这一阶段，相关企业和机构会根据居家养老老年人的服务需求制定相关政策，推出适合的服务项目，并向相关服务群体提供服务产品的信息和消费指导的信息。在这一阶段，政府部门和相关企业、组织成为主要的参与主体。

服务输送阶段，即服务产品输送给老年人（及其照料者）的过程，在这个过程中，围绕不同类型的服务产品，多个行业企业和社会组织将会成为服务输送的主体。

服务利用阶段，即服务产品被老年人（及其照料者）使用的过程，在这个过程中，具体的服务提供企业、机构和社会组织将为老年人（及其照料者）提供具体的服务和产品。

7.2.5　居家养老服务链的影响因素

涉老政策。卫生健康、社会服务、社会保障等社会政策和金融、产业等经济政策都会通过不同的途径影响居家养老服务链的形成与发展。以产业政策为例，在一个鼓励和扶持老龄产业发展的政策环境中，相关企业会迅速成长和壮大起来。同时，如果社会保障政策也在不断完善，老年人的收入水平和消费能力得以不断提高，那么居家养老服务链的形成和发展就会更快一些。

市场环境。包括政策是否到位、市场是否有序、投资是否便利、监管是否得力等影响企业投入、成长、发展的因素都会对居家养老服务链产生直接影响。

人员素质。服务是由人来提供，尤其是为老年人提供的居家养老服务，涉及医疗、护理、教育、心理等多种服务类别，对服务人员的专业素质和技能水平都有着更高的要求，因此从业人员的素质对居家养老服务链的发展与稳定都会产生影响。

消费观念与水平。作为服务链终端环节，老年人（及其照料者）的居家养老意愿、购买服务意愿和消费能力等，是决定居家养老服务链的关键因素。如果老年人的居家养老意愿不强，消费意愿和消费能力很低，所谓的居家养老服务链也就失去了存在的根基。

7.3　我国居家养老服务链存在的主要问题

如上所述，政策、市场环境、人员素质、消费观念等都会对居家养老服务链的形成与发展产生影响，这种影响作用在服务链的不同阶段会有不同反映。就目前我国的居家养老服务链来讲，在服务供给、服务输送和服务利用阶段中，都存在各自不同的问题，并分别反映在供给、输送与服务利用

理念，供给主体、输送方式和利用现状等方面，最终造成了我国老年人的居家养老服务需求得不到满足的实际状况。

7.3.1 服务供给阶段

服务供给阶段是居家养老服务链的前期阶段。在这一个阶段里，政府或相关部门、企业开始开发、设计服务产品，并将有关服务产品的信息和申请途径传递给服务对象。在这个阶段，服务产品的开发、设计理念，以及服务信息是否被服务对象所熟知和理解，将直接决定服务是否能够满足老年人的需求，服务是否能够被老年人所利用。如果服务设计理念正确，服务信息传递准确，那么服务资源就会被充分利用，老年人的服务需求就会得到充分满足；否则，既浪费了服务资源，也满足不了老年人的服务需求。

7.3.1.1 供给理念——"以需求为导向"还是"以计划性的服务供给为导向"

服务是以人为核心的一个系统工程。服务的对象是"人"，服务的提供者也是"人"，因此服务必须"以人为本""随需应变"，根据顾客群的需求去开发产品，并力求在服务过程中取得最高限度的顾客满意度（张润彤、朱晓敏，2009），即服务的供给要"以需求为导向"。

老年人的需求具有多样性、动态性和可变性的特点。同一年龄群体的老年人会因为身体、经济、家庭、职业等情况的不同，而对服务有着不同的要求。即使服务项目的需求相同，但在服务方式、服务时间、服务强度方面也会存在差别，因此，许多国家和地区的养老服务会根据老年人的需求提供相应的服务，或者采取个案管理（Case Management）的方法，随时根据老年人的需求调整原有的服务计划。

在我国居家养老服务在推行中"以计划性的服务供给为导向"的观念还比较明显。我国长期以来依靠家庭养老来解决老年人的需求问题，国家则主要为“三无”、五保等特殊困难老年群体提供全方位的养老服务。随着人口老龄化问题的突出和家庭规模的缩小,老年人的养老服务问题日益凸显。在此情况下,中央政府和地方政府开始着手建立社会养老服务体系,并着重开展居家养老服务。但由于长期计划经济时代的影响,我国政府职能的转变还不彻底,加上居家养老服务在我国还属于一个新生事物,因此我国的居家养老服务在很大程度上带有“政府主导”的特点。在服务对象、服务内容、服务模式方面还带有明显的“计划经济”特点,采取逐级推进的方式来构建居家养老服务网络。服务对象则侧重于传统的民政对象和社区中生活困难的高龄、失能与空巢老年人,服务内容在很大程度上取决于服务资源的多少,而非从老年人的实际需求来制定,带有很明显的“以计划性的服务供给为导向”的特点。这种供给模式在很大程度上满足了一部分老年人的服务需求,并且这种模式具有力度大、全国联动、推广快的优点,但不足也是非常明显的,最突出的就是可能会造成服务供给与需求的不匹配,既造成服务资源的浪费,又不能有效地满足老年人的服务需求。如有些地区一律给80岁以上的老年人发放50~100元的“尊老金”或类似的“生活补贴”,这对绝大多数老年人改善生活质量起到了很大的作用,受到了老年人的普遍欢迎。但我们在访谈中也了解到,一些离退休金较高的老年人对经济方面的需求其实并不大,他们更需要的是生活照料和精神慰藉等方面的服务。因此,在制定和推行服务措施的时候,还应该注意从实际情况出发,不能仅仅依靠年龄或者其他条件搞“一刀切”的服务措施,如果忽视从老年人的需求去提供服务,那么就有可能既浪费了公共资源,又满足不了老年人的服务需求(陈思、侯志阳,2010)。

7.3.1.2　信息传递——“信息对称”还是“信息不对称”

服务信息是影响老年人服务利用的一个重要因素。许多研究表明,健康服务认知是比健康状况、收入等更重要的影响老年人健康服务利用的因素(Wolinsky F D,1978;Earle L,1980),老年人比年轻人有着更多的健康压力,却更少使用健康服务的原因之一就是缺乏服务项目的相关信息(Kovar M G,1977)。事实上,在市场经济活动中,各类人员对有关信息的了解是有差异的,相对于卖方而言,买方的信息总是不完全的,这种"信息不对称"的情况不仅不利于买方在众多服务产品中挑选适合自己的产品,而且有可能使信息占有优势一方做出"败德行为",损害商品购买方的利益并使买方对服务产品失去信心(张润彤、朱晓敏,2009)。

一些学者在以往的研究中发现,许多空巢老人并不清楚居家养老是怎么回事,他们既不知道居家养老的具体服务形式,也不知道居家养老服务能给他们带来何种实惠,对于服务对象的条件和服务申请的程序也毫不清楚(江海霞、陈雷,2010),自然也就无从谈起服务利用。笔者在调查中也发现,一些地方为了更加快速、便捷地为老年人提供养老服务,建立了专门的居家养老服务网,利用网络的形式来接收老年人的服务需求信息,并根据老年人的服务需求提供相应的服务。在网站建立之后不久,工作人员就发现,由于许多老年人不会使用电脑,所以根本就看不到发布在网站上的养老服务信息,尽管有些老人的子女能够利用网上发布的服务信息申请服务,毕竟范围有限,大部分老年人对相关的服务信息和服务内容还是一无所知。

7.3.2 服务输送阶段

一个完整、有效的服务链要本着以最大化满足服务对象所有需求的目的,将所有相关的行业企业和社会部门有机组织起来,并充分发挥不同行业企业和社会部门的力量,共同为服务对象提供全方位的服务。在这个服务链中,服务对象获得服务的机会应该是均等的,即服务链的服务目标是所有有需求的服务对象;服务的内容应该是多种多样的,即要根据服务对象的不同需求提供不同的服务项目;并且这些服务的输送方式应该是灵活多变的,是可以根据服务对象的不同情况而改变的,以确保服务对象获得所需服务为最终目的。在这个过程中，各个社会部门和社会力量应该分工明确，各有侧重，共同确保服务链的完整和高效。

也就是说，在服务输送过程中，服务链要本着服务对象均等化、服务内容多样化、服务方式灵活化的原则，发挥不同输送主体的力量，共同满足服务对象的服务需求。但是，就目前我国的居家养老服务链来讲，服务输送过程中的服务对象群体化、服务内容单一化、服务方式模式化的问题还比较突出，政府、市场（企业）、社区等各个输送主体的角色不明、定位不准的现象依然存在，成为迫切需要解决的问题。

7.3.2.1　输送理念——"均等、多样、灵活化"还是"群体、单一、模式化"

一是服务对象的均等化还是群体化。居家养老服务的本意是为所有居住在家中养老的老年人提供所需要的服务，使其长期居住在自己熟悉的环境中安享晚年。因此，对于所有居住在家中养老的老年人来讲，他们获得居家养老服务的机会应该是均等的，即居家养老服务链应能满足所有居家养老老年人的服务需求。但就目前来看，我国居家养老的老年人获得居家养老服务的机会并不是均等的，那些能够享受到所需服务的老年人主要是两个群体：一个是生活特别困难的"三无"、五保、低收入且生活不能自理的"弱势老年群体"，他们是目前政府购买居家养老服务的主要对象；一个是家庭经济条件良好，有条件可以从市场上购买所需服务的"优势老年群体"。这两种境况完全相反的老年群体是获取居家养老服务机会较多的群体，但占绝大多数的"普通老年群体"往往既不是政府购买服务的对象，也没有足够的经济实力和条件从市场上购买到所需的服务。

另外，城乡、地域之间的老年群体在获取居家养老服务方面的机会也是不均等的。目前我国推行的居家养老服务在城市和经济较为发达的地区开展得较好，这些地区社会化养老服务资源也较多，老年人能够享受到居家养老服务的机会也相对较多。但广大的农村地区由于经济社会发展

水平不高、社会化养老服务发展滞后，广大农村老年人即使有较高的居家养老服务需求，也享受不到相应的服务，成为居家养老服务链的盲点。

二是服务内容的多样化还是单一化。根据服务链完整性的特点，即服务链提供的服务应该是完整的，居家养老服务链也应该根据服务对象的需求提供多种多样的服务，也就是说居家养老服务链所提供的服务应该是多样化的。然而，就目前来讲，我国居家养老服务链所能提供的服务还是非常有限的，服务项目比较单一，很难满足不同服务对象的各种服务需求。首先，服务对象的单一化。国内外的居家养老服务经验表明，非正式支持网络，即由老年人的配偶、子女、亲属、邻居等构成的照料资源是居家老年人的主要照料提供者，对于老年人而言，这些非正式照料资源有着正式照料服务所不能比拟的亲切感、熟悉感和安全感，能够极大地满足照料过程中老年人对于照料者情感方面的需求。美国、英国、日本、韩国等国都会针对老年人的这些照料者提供相应的服务，包括技能培训、心理疏导、喘息服务等，目的就是希望能够通过为照料者提供相应的服务提高他们的照料水平，缓解他们的照料压力，以便使他们能够为老年人提供更好的服务，同时也缓解正式照料服务的压力。但在目前我国的居家养老服务链中，还鲜少有将照料者作为服务对象的服务项目。笔者在实际调研中发现，许多社区即便有类似于“喘息服务”的老年日托站，这些日托站要么成为健康老年人的文化娱乐场所，要么成为社区一些失能老年人的长期照料机构，很难真正发挥“日托”的作用。其次，服务内容的单一化。如前所述，居家养老老年人及其照料者的服务需求是多种多样的，有日常生活方面的需求，也有医疗、护理、康复、娱乐等方面的需要，还有居住环境改造的需求以及照料者的技能培训、心理疏导、喘息服务、职业咨询等方面的需求。但就目前来看，各地开展的居家养老服务大都只集中在一些家政、送餐、陪医、陪聊、紧急呼叫等服务内容，一旦老年人在进食、如厕、行走、洗澡等基本生活自理方面产生服务需求时，居家养老服务就很难满足老年人的需求。

三是服务方式的灵活化还是模式化。好的服务应该是可以根据服务对象的特性和需求随时调整与完善的。在一些国家，居家养老照料方案和服务的输送被认为是开放和灵活的（Yen - Jen，2008），强调在服务输送过程中要考虑到有效、适当、正确、可接受和可达到的原则，并尊重使用者做决定和自主的权利（Moxley，1989），即服务的输送应该是灵活可变的，是能够根据服务对象的需求随时调整服务时间、服务内容、服务方式与服务强度的。但在我国以计划性的服务供给为导向的理念下，居家养老服务在输送过程中大都是比较固定的模式化套路，服务人员上门服务的频率、时间大都是固定的，很少可以根据老年人的需求进行改变，这也在一定程度上影响了老年人对居家养老服务的评价和需求。

7.3.2.2　输送主体——“多中心治理”还是“单中心治理”

在传统政治学的理论中，单中心治理模式主要是指由政府或者市场为公民提供公共产品和公共事务，但是单纯地依靠政府或者单纯地依靠市场都存在着一定的弊病。前者会造成服务产品的单一，不能满足多方面的服务需求，而单纯的市场方式也有其难以克服的市场缺陷（王飏，2010）。单纯依靠政府或者单纯依靠市场既不能很好地满足公众对公共服务的需求，而且容易造成“政府失灵”或者“市场失灵”。因此，近年来在社会福利领域里的“福利多元主义”和在公共管理领域里的“多中心治理”理论开始成为许多国家进行福利改革和管理创新的理念。

与福利多元主义主张社会福利应由多个社会部门和社会力量共同参与类似，多中心治理理论则认为，治理是各种公共的或私人的机构管理其共同事务的诸多方式的总和（刘峰等，2010），即在公共事务的处理和公共产品的供给上多个社会部门应当共同参与。这种治理模式突破了“单中心治理”模式中的弊端，将政府、社会组织、企业等多个社会力量纳入进来，通过相互间的配合与合作，共同实现对公共事务的管理。居家养老服务链作为一个庞大的服务网络，包含了政府、市场（企业）、社区、社会组织等多种社会力量作为服务提供主体,但需要注意的是,这些服务提供主体在服务链中的定位和职责各不相同。政府主要负责观念引导、政策制定、管理监督和对困难老年群体的兜底与福利服务;市场(企业)则需要为居家老年人提供多种多样的养老服务产品;慈善组织、志愿团体等社会组织是居家养老服务链的补充力量;社区需要为各种社会力量提供一个良好的服务平台,便于他们为居家老年人提供丰富而优质的养老服务;而家庭和其他非正式支持力量则与正式照料服务一起共同为老年人提供他们所需要的各种居家养老服务。然而,目前我国的居家养老服务链中,各服务主体的职责不够明确,定位不清的现象还非常突出。

一是政府担负了过多的居家养老服务责任。我国的居家养老服务在一开始就具有浓重的社会福利性质,服务对象主要是特殊困难的老年群体,服务方式主要是政府购买服务,资金来源主要是政府财政投入或者社会福利彩票公益金,具体服务提供者也往往由社区工作人员承担或负责服务中介的工作。面对着众多居家老年人的服务需求,政府显然无力承担。

二是企业发展滞后,养老服务市场“叫好不叫座”。在发达国家,居家养老服务主要是由市场来提供的,随着人口老龄化进程的加剧,养老服务业已成为这些国家服务业中的一个重要力量。但是就我国的养老服务市场来看,还存在着扶持政策不到位、资金投入比较少、行业标准缺乏、服务质量不高、从业人员素质较低、老年人有效需求不足等许多制约养老服务市场进一步发展的因素,导致本应成为居家养老服务供给中最重要的市场不能发挥出应有的作用。

三是社会组织力量薄弱,难以承担过多服务责任。在许多国家和地区的居家养老服务中,慈善组织、民间团体、志愿者等非政府组织也常常发挥着重要的作用。他们有着丰富的人员和资金优势,能够为居家老年人提供专业的服务,并且可以提供必要的经济支援,成为居家养老服务中的重要补充力量。但在我国,非政府组织的发展还非常缓慢,尽管有些社区也开展了一些以志愿者为主体的居家养老服务,但大都是一些学生、党员或者在职职工,他们能够提供服务的时间和内容非常有限,而且服务时间不固定,很难真正满足老年人的服务需求,还不能成为居家养老服务的有力补充。

四是社区平台作用难以发挥。就目前来看,社区的平台作用非常重要,各地大都依托社区这一平台来开展居家养老服务。但社区中负责开展居家养老服务工作的也大多是社区居委会的工作人员,他们在资金、人员和服务设施方面都非常缺乏。同时,他们还需要做社区的工作,很难专门负责开展居家养老服务工作,社区的平台作用也很难真正实现。

7.3.3　服务利用阶段

服务链形成的最终目的就是要为服务对象提供全方位的服务,最大限度满足服务对象的服务需求。服务若能被服务对象充分利用,就说明所提供的服务是符合服务对象需求的,而且服务资源也没有被浪费;反之,则说明所提供的服务要么是不符合服务需求的,要么就是不能够被服务对象利用而导致服务资源的浪费。目前,存在于我国居家养老服务链终端服务利用环节的主要问题就是购买服务的理念还没有普遍形成,服务利用水平相对较低。

7.3.3.1　利用理念——“购买服务”还是“家庭提供”

在中国人的观念中,由“外人”来照顾自己家中的老人是很难被认可的,即使在社会快速发展的今天,仍有许多人认为把父母送入养老机构是一种“不孝”的行为。对于目前开展的居家养老服务,老年人及其子女的认知度也相对较低,他们还没有形成普遍的“购买服务”的意识,对于从市场上购买养老服务的认可度也很低。另外,老年人的整体收入水平不高,也导致老年人对居家养老服务的有效消费需求较低,在很大程度上影响着居家养老服务链的形成与发展。

7.3.3.2 利用现状——“需求供给利用平衡”还是“需求供给利用不平衡”

如前所述,我国居家养老服务利用的总体矛盾是,需求大于供给形成的供给不足与供给大于利用形成的供给过剩之间的矛盾。造成这一矛盾的根本原因就是我国居家养老服务利用水平普遍较低所造成的需求、供给与利用之间的非均衡状态。如果供给的服务是根据服务对象的需求所提供的,并且这些提供的服务能够被服务对象充分利用,那么需求、供给与利用三者之间就呈现一种均衡的状态,也就是说服务对象的服务需求得到了极大满足,服务资源也得到了极大利用。如果需求、供给与利用三者之间的关系是非均衡的,那么就会造成服务需求得不到满足或者浪费服务资源的结果。我国居家养老服务在利用阶段的主要问题就是提供的服务得不到充分利用,同时居家老年人的服务需求也没有得到满足。

造成这一矛盾的原因是多方面的,是服务供给阶段、服务输送阶段中存在的问题在服务利用阶段的堆积反映。首先,服务供给阶段中缺乏“以需求为导向”的供给理念,过分关注服务的推行,而忽视了从老年人的实际需求去提供服务,造成服务供给与服务需求相差甚远(徐守勤,2005;郑建娟,2005;严浩,2006;方秀云,2006)。其次,在服务输送阶段中,服务覆盖范围过窄、服务内容单一、服务输送模式化等问题也造成了大部分老年人不能充分利用所提供的居家养老服务。更为重要的是,在服务输送过程中,政府、市场(企业)、社会、社区等服务主体定位不清。最后,在服务利用阶段,由于老年人“购买服务”的意识不强,消费水平较低等因素造成了居家养老服务的有效需求不足,导致了我国居家养老服务在服务利用阶段呈现需求大于供给、供给又大于利用的双重矛盾,使我国居家养老服务链最终呈现一种断裂的状态。

7.4 完善我国居家养老服务链的对策建议

构建居家养老服务链的根本目的就是要充分发挥各种社会力量的作用,通过不同方式,最大限度内满足居家老年人(及其家庭照料者)的服务需求,以使他们能够在自己熟悉的环境中,得到满足需求的服务。目前,我国的居家养老服务链在服务供给、服务输送和服务利用阶段都还存在着一些问题,为了加快我国居家养老服务链的形成与发展,更好地促进居家老年人的生活质量,达到政府大力开展居家养老服务的政策目的,笔者提出如下对策与建议。

7.4.1 明确"权利优先、先有后好"的政策原则

"权利优先",即人人都享有获得养老服务的权利。国家应为所有老年人提供养老服务选择的权利和机会,无论是政府提供的无偿或低偿服务,市场提供的有偿服务,还是家庭成员和其他社会组织提供的服务,老年人获得相应服务的权利和机会是平等的。"先有后好",即要在满足广大老年人群最基本、最直接、最急需的服务需求的基础上,再逐渐提高服务的质量和水平,逐步满足老年人较高的服务需求。

在这一原则下,老年人在一定时期内所获得的养老服务水平可能是比较低的,却是公正、公平和有尊严的。政府应该在满足老年人低水平的、基本的养老服务需求中起到主导作用,通过优化资源配置、提供财政支持和制定优惠政策等方式来积极推动相关服务的发展。同时还应该积极地支持和引导各种社会力量发展与壮大养老服务市场,依靠市场的力量来满足广大老年人群更高层次的服务需求。

7.4.2 加快"三个理念"的转变

在完善居家养老服务链的过程中,要始终强调"以需求为导向"的服务

供给理念，坚持“均等、灵活、多样”的服务输送理念，并不断提高老年人及其照料者的“购买服务”理念。

7.4.2.1 “以需求为导向”的服务供给理念

只有从服务对象的实际需求出发去提供相应的服务，才能最大限度地满足服务对象的服务需求，并且确保服务是有效并且合适的。如果提供的服务不是服务对象所需要的，势必会造成服务资源的浪费，甚至会带来服务对象对其他相关服务的负面评价。因此，无论是政府、市场（企业）或者社会组织等服务主体，在提供相应的服务时，必须坚持“以需求为导向”的服务供给理念，这才是从根本上满足老年人的服务需求，提高居家老年人生活质量的途径。

7.4.2.2 “均等、灵活、多样”的服务输送理念

要在服务输送过程中尽快形成“均等、灵活、多样”的服务输送理念。如果没有灵活、多样的服务输送模式，即使服务产品再怎么符合服务对象的需求，服务也不一定能够有效地输送到服务链的终端——服务对象那里。因此，在服务输送的过程中，还要根据实际情况灵活多变地调整输送方式。同时，对于所有有需求的居家老年人来讲，服务的输送应该是“均等”的，即获得服务的机会应该是平等的。由于城乡、区域之间发展程度的不均衡，目前我国的居家养老服务还存在着城市好于农村，东部好于中、西部的现象。老年人内部也存在着群体的不平等，处于生活状况较好和较差这两端的老年人，获得居家养老服务的机会相对较大。而对于绝大部分老年人来讲，他们既没有经济实力从市场购买到所需要的服务，也享受不到政府提供的免费的居家养老服务。因此，如何保障这部分老年人获得相应服务的权利，是需要在进一步完善居家养老服务链中重点加以关注的。

7.4.2.3 “购买服务”的服务利用理念

在发展和完善居家养老服务链的过程当中，改变老年人的消费观念，提高他们“购买服务”的理念是一个关键因素。只有这样才能提高老年人

的有效服务需求，刺激养老服务市场的繁荣和发展，从根本上建立一个完整的居家养老服务链。然而对于大部分中国老年人来讲，"购买服务"的理念在目前还不普遍，尤其是农村老年人对于花钱让"外人"来照料自己的做法还不能完全认同。这里面既有经济条件的限制，也有我国几千年来家庭养老的传统观念和"孝"文化的影响。提高我国老年人"购买服务"的理念，可以采取加大宣传和由点及面的做法，一方面，加强老年人对养老服务社会化的正确认识；另一方面，可以从城市和较发达地区的农村开始，由点及面地强化老年人的"购买服务"意识，并逐步提高老年人的养老服务消费需求。

7.4.3　深化"五个主体"的权责定位

7.4.3.1　政府

在"居家养老服务链"的构建过程当中，政府的职能定位是要为整个服务链的形成与发展提供良好的政策、制度环境，并且充当好监督评估的"裁判者"角色，以确保养老服务市场的健康发展；作为公共服务的主要承担者，政府还应该担负起保障所有居家老年人都能享有最基本养老服务的责任。

政策制定。如前所述，随着国家对老龄问题的不断重视，我国正在不断完善和加强相关的居家养老政策，并提出了居家养老为基础的社会养老服务体系的建设。政府在深入居家养老服务链中的职能定位过程当中，进一步完善相关的政策法规体系：加强已有政策的执行和落实力度；制定更加具体且针对性、操作性更强的政策，如关于鼓励社会力量进入居家养老服务市场的政策，关于规范政府购买居家养老服务的政策，关于加强居家养老服务人员技能培训和职称评定的政策等；出台专门的法律法规，如《长期护理保险法》《护理人员执业法》等。

制度完善。包括社会保障制度、需求评估制度、市场准入制度、家庭照

料者补贴制度、从业人员管理制度等。社会保障制度方面除了不断提高我国养老保障制度、医疗保障制度的覆盖范围和保障水平之外，还应该尽快建立起长期护理保险制度，这是居家养老服务链得以形成的重要经济基础。需求评估制度，即对老年人服务需求的评估标准，也可包括对老年人家庭照料者的服务需求评估。市场准入制度，即对社会力量进入居家养老服务市场进行资格评定、等级划分的审查制度。家庭照料者补贴制度，即根据家庭照料者的实际情况，经过评估和审查之后，给予一定的经济补贴或其他形式的支持制度。从业人员管理制度，包括资格认定、职称评定以及社工等专业人员的引进和管理制度等。

监督评估。根据相应的政策法规、制度要求，对居家养老服务链各服务主体在服务供给、服务输送和服务利用过程中进行指导、规范、监督和管理，以保证居家养老服务链的顺畅有序，确保居家养老服务质量和服务水平。可根据需要制定相应的评估标准和监督条例，如失能老年人的护理标准、居家养老服务设施的建设标准等，并据此进行监督和评估。

服务外包。一些弱势老年群体（如贫困、失能、孤寡老年群体等），难以通过市场购买行为来获取相应的服务，政府应该承担起为这些老年群体提供基本养老服务的责任，即要承担起居家养老服务的“兜底”责任。政府可以不作为服务的直接提供者，而是通过服务外包，即“购买服务”的方式来解决这部分老年群体的居家养老服务需求。

7.4.3.2 市场

市场是决定居家养老服务链的最关键因素，也是我国未来居家养老服务的主要发展方向，无论是政府“兜底”的带有福利性质的居家养老服务，还是老年人个体通过市场购买行为获得的居家养老服务，最终都要通过市场获得。因此，大力发展养老服务业，是加速我国居家养老服务链的决定力量。

伴随着我国社会福利社会化的进程，我国的养老服务业已经有了一定发展，社会资本投入不断增加，行业发展初具规模，在满足我国老年人的居家养老服务需求方面发挥了一定作用。但总体来讲，目前我国的居家养老服务业在发展上还存在着服务水平较低、行业规范和约束不够、创新意识不强等问题，迫切需要加以完善。

丰富服务内容。目前我国的居家养老服务还主要集中在清洁、打扫、做饭等家政服务和一般的生活照料上，服务内容相对单一，一些专业性较强的个人照顾、康复护理等服务相对较少，而且主要集中在养老服务机构中提供。因此，市场（企业）要在满足老年人多样化的服务需求方面多做努力，根据老年人的实际需求丰富服务内容，这样才能保持居家养老服务链的生机和活力。

细分服务市场。在了解顾客需求的前提下，弄清自身竞争优势和市场（企业）发展现状，找出最适合本企业发展的优势项目加以准确定位，是企业顺利发展和提高竞争优势的重要基础。目前我国的为老服务市场虽然有了一定的发展，老年住宅、养老机构是投资的热点，但其他的为老服务业的发展相对滞后。事实上，居家老年人的服务需求是多种多样的，不仅服务内容多样，可以包括日常照料、医疗、护理、康复、娱乐，而且服务人群也各不相同，如不同性别、年龄、经济、健康、爱好状况的老年人，他们在服务需求方面也会有自身的特点。另外，照料者的服务需求也是目前我国为老服务业的一个发展盲点，很少有企业根据照料者的需求来提供相应的服务产品。因此，还需要对我国的居家养老服务市场进行进一步的细分，从最大限度满足居家养老老年人的服务需求出发，细分出更多的分支市场，如医疗护理、术后康复、失智者看护、家庭照料者培训、心理咨询、住宅适老改造、老年文娱等多种服务业市场。

创新服务模式。目前我国的养老机构发展较快，居家养老服务业则发展相对缓慢。老年人对社会养老机构的认知度和信任度也明显高于一般家政公司提供的居家养老服务，因此可以考虑一些地方“虚拟养老院”的做法。以政府搭建的虚拟网络通信平台为支撑,将社区老年人的生活需求和企业、养老机构的专业化服务有机结合,将分散居住的老年人通过注册纳入“虚拟”的养老院,采取政府指导、企业运作、专业人员服务与社会志愿者服务相结合的方式,由企业、养老机构派出服务人员,主动上门为老年人提供居家养老服务。这样既整合了社会资源,又满足了居家老年人的服务需求,是值得推广的一种服务模式。

提升服务水平。要以最大限度地提高老年人的服务满意度为原则,强化服务人员的服务意识,加强服务人员的技能培训,并且在服务要求、服务标准中制定严格的规章制度,确保服务水平和服务质量。

加强行业自律。目前我国的养老服务业发展参差不齐,难以做到健康有序的发展,也不能为老年人提供内容丰富、质量较高的服务产品。因此,有必要通过一定的方式,如成立相关的行业协会来进一步规范行业发展、提高行业自律,推动养老服务业的快速发展。

7.4.3.3 社会组织

慈善、社工、志愿者团队等非营利组织是许多国家解决养老服务的补充力量,在资金来源、技术水平和人力资源方面发挥了重要的补充作用,不仅为老年人提供了多样化的服务,满足了老年人的服务需求,而且在全社会范围内提高了公民的社会责任心和志愿互助精神。20 世纪 90 年代以来,我国开始涌现出大量非政府、非营利的民间团体,随着老龄化程度的加深,社会组织在为老年人提供服务方面也开始发挥作用。目前各地的居家养老服务中,党员志愿者、学生志愿者、低龄老人志愿互助组等都是其中的重要服务力量,满足了许多居家养老老年人的服务需求。

但由于我国的社会组织发展较晚,在为老年人提供居家养老服务方面还存在着临时性、随意性和不稳定性,还不能发挥应有的作用。在这方面,政府首先要给予必要的政策、资金扶持,并且切实做好监督和管理工作,同时社会组织本身也要切实做到以下几点。

加强管理规划。加强人才队伍管理、规章制度建设等，以形成规范、有序的管理制度和发展环境。同时注重未来发展规划，在发展中突出重点，可以优先在养老服务、教育、文化、卫生、体育等领域优先发挥作用，扩大社会影响。

吸引专业人才。吸引医疗、康复、心理、社工、教育、文化等行业的专业人才，形成一个较高水平的养老服务志愿组织，能够直接为老年人提供专业的居家养老服务，或者通过培训一线的服务人员间接为居家老年人提供专业服务。

扩大社会影响。发挥自身优势，加大志愿互助精神的宣传，引导人们接受居家养老服务和购买服务的消费理念转变，在扩大自身社会影响的同时，为居家养老服务业的发展提供一个较好的社会氛围。

7.4.3.4　社区

社区是今后我国居家养老服务发展的重要平台。随着我国社会服务体系的发展和完善，社区的平台作用更加明确和突出，即社区应该是市场（企业）和非营利社会组织为居家老年人提供居家养老服务的平台，负责指导、管理、监督和提供必要的服务设施等工作，为老年人获得完善的居家养老服务创造更好的环境和条件。因此，在进一步完善和发展我国居家养老服务链的过程当中，社区应该进一步发挥自己的平台作用。

监督管理平台。一是要加强对社区内公共为老服务设施的监督和管理，如政府投资建设的老年人日间照料中心、社区养老机构等。二是要加强对社区服务机构、服务人员的监管，对服务质量不达标、管理不规范的服务机构和服务人员要及时清退，切实维护社区老年人的合法权益。

资源整合平台。一是整合社区内已有的公共服务资源，如教育、科技、文化、体育等服务设施，无偿向老年人开放，丰富老年人的精神文化娱乐生活。二是整合社会上各种为老服务资源，包括企业和各类社会组织，积极为他们提供相应的硬件设施和软件条件，支持他们为老年人提供居家养老

服务。三是整合社区内的居民资源，鼓励社区居民邻里互助，充分发挥非正式资源在居家老年人生活中的作用。

信息交流平台。一是建立老年人服务需求信息库，针对社区内老年人的家庭、健康、需求等状况进行全面了解。二是建立相应的服务机构、社会组织信息库，根据社区老年人的需求特点，了解市场上服务质量较好、服务信誉较高的机构，并将其纳入信息库，通过社区内的信息服务网络、居民宣传栏等各种途径将这些服务信息传递给居家老年人及其照料者。

宣传引导平台。包括向社区居民宣传相关的老龄政策，提高老年人及其家庭成员对居家养老服务的认知和利用，向相关养老服务企业宣传国家的扶持和优惠政策，鼓励民间资本加大对养老服务业的投入等。

7.4.3.5 家庭

家庭是我国老年人获得养老支持的主要力量，家庭成员在照料老年人的过程中，不仅为老年人提供了护理服务，还有着正式服务人员难以提供的亲情和情感服务，是保证老年人生活质量的重要力量。随着我国居家养老服务业的发展，家庭成员的某些照料服务可以通过购买行为从市场上获得，但家庭成员间特有的亲情慰藉是正式服务所不能替代的。未来的居家养老服务必定是正式服务力量和非正式服务力量相结合的过程，家庭仍然要发挥重要的作用。

生活照料作用。如前所述，家庭对老年人的生活照料作用是很难取代的，正式支持力量可以为家庭成员提供必要的技能培训、喘息服务以及经济补贴等，确保家庭照料者的生活质量和服务质量。

精神慰藉作用。这是正式服务机构很难取代的。老年人希望居住在自己的家中，有很大一部分老人就是希望和自己的子女和家人待在一起，以满足自己的精神需要。即使老年人生活在社区托老机构中，家庭成员也依然需要为老年人提供相应的精神慰藉，可以通过定期交流、探视、外出游玩等多种方式为在社区托老机构中的老年人提供精神慰藉。

服务参谋作用。家人最清楚老年人的生活习惯、饮食习惯、性格特点等。在服务机构和服务人员为居家老年人提供相应服务时,家人的意见和信息是加快服务人员了解老人需求,尽快为老人制定相符的照顾计划的重要基础。因此,家庭成员对正式服务资源的服务参谋作用也是不容忽视的。

服务监督作用。对服务机构和服务人员的服务质量、服务态度进行必要的监督,从服务利用者的角度对完善服务内容和提高服务质量提出建议,也可向有关部门反映,进一步促进居家养老服务链的发展与完善。

7.4.4　提升"两类对象"的有效服务需求

在经济条件和服务市场较为充分的情况下,树立老年人及其家庭照料者"购买服务"的观念是提高其对居家养老服务有效需求的主要手段。

7.4.4.1　居家老年人

在提高我国老年人的社会保障水平基础上,通过政策引导、舆论宣传和丰富服务产品等方式,引导老年人树立"购买服务"的消费观念,并逐步完善长期照料保险制度,引导未来进入老年的中青年人未雨绸缪,通过投保、购买商业保险等方式为购买养老服务储备一定的资金。

7.4.4.2　家庭照料者

引导家庭照料者利用相关的居家养老服务,并发挥他们在完善和改进居家养老服务项目中的作用,尊重他们在服务过程中的参与权,使他们在接受服务的过程中形成"购买服务"的观念,并鼓励他们提出调整和完善服务计划的意见。

最终,在居家养老服务链建立并完善之后,会形成这样一个良性运转的服务机制:当老年人及其照料者有服务需求时,他可以将这种服务需求直接反馈给市场(企业),通过有价购买的形式获得相应的服务;同时他也可以将其服务需求通过社区建立的居家养老服务需求信息库反馈给街道、社区的有关工作人员，在通过审核与需求评估之后，街道、社区会将其服务需求反馈给政府的“基本养老服务网络”，并由政府为其提供基本的居家养老服务，超出此基础的服务需求也可以通过街道、社区反馈给市场（企业），由市场（企业）来提供更高层次的养老服务（图7-1）。

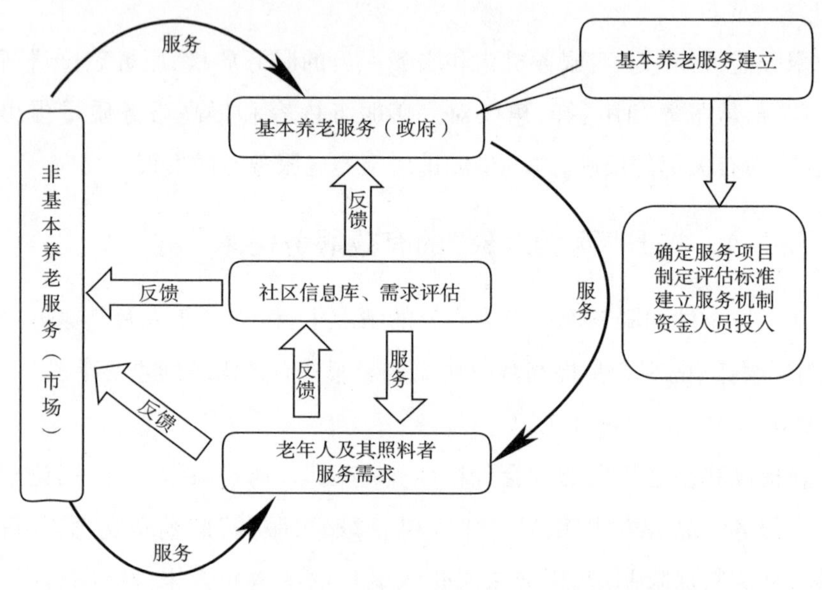

图7-1　我国居家养老服务链运行机制示意图

在这样一个运行机制中，政府主要为老年人及其照料者提供最基本的居家养老服务，即基本养老服务；企业则在更大范围和更高层次上为老年人及其照料者提供超出基本养老服务之外的非基本养老服务；社区的作用主要体现在服务信息的收集、反馈与传递，服务对象的资格审查与评估等方面；社会组织和家庭在满足老年人的居家养老服务需求方面也各自发挥着作用，最终形成一个良性循环的服务机制。但是这个服务机制的形成不是一蹴而就的，它需要政策法规不断完善，市场环境不断改进，消费水平不断提高，消费观念不断更新，只有在这样的条件下，居家养老服务链的良性运转机制才会实现。

第8章

结论及未来研究方向

大力发展居家养老,这是国家立足我国人口老龄化和社会经济发展国情,尊重绝大多数老年人的养老意愿而出台的政策,对推动公共服务均等化、促进家庭化养老向制度化养老转变、保障老年人养老权益、提高老年人生活质量具有重要意义。本研究立足"自下而上"的视角,从老年人个体角度出发,研究分析了我国老年人的居家养老意愿、服务需求和在服务利用过程中存在的问题,并对居家养老服务在政策制定和实施中存在的问题进行了分析,初步的结论如下所述。

8.1 主要研究结论

8.1.1 中国老年人的居家养老意愿

8.1.1.1 中国老年人有着强烈的居家养老意愿

从目前我国老年人的养老意愿来看,居家养老仍然是我国绝大多数老年人的养老选择。2000~2006年,中国老年人选择居家养老的比例始终保

持在80%以上,而且农村老年人的居家养老意愿更加强烈。

8.1.1.2 中国老年人的居家养老意愿受多种因素影响

从影响老年人居家养老意愿的因素来看,人口因素、社会经济因素、健康因素、居住因素、服务因素都会对老年人的居家养老意愿产生显著的影响作用。

男性、低龄、受教育程度较高的老年人愿意选择居家养老的概率普遍小于女性、高龄和受教育程度较低的老年人。

城市、享受社会保障的老年人选择居家养老的概率明显小于农村、不享受社会保障的老年人。

健康状况越好、生活自理能力越高的老年人选择居家养老的可能性也更大。

另外,居住环境对老年人的居家养老意愿也有显著的影响作用,对自己住房条件满意的老年人要比那些对自己住房条件不满意的老年人更有可能选择居家养老。

8.1.1.3 中国老年人居家养老意愿的深层次原因

利用计划行为理论对我国老年人居家养老服务需求的深层次原因进行分析后得出以下结论。

从行为态度来看,中国老年人对居家养老这一行为有着积极的态度。形成这一积极态度的主要原因:可以更多地享受家庭亲情;可以独立自主地支配个人的生活;有熟悉的环境和人际关系;能够满足安全感和归属感。与此相反,我国老年人对机构养老所持有的消极态度,主要因为限制人身自由和爱好;没有亲情,容易孤独;陌生的人际关系;负面的经验和认识。

从主观规范来看,"养儿防老"的传统观念和"孝文化"的根深蒂固是影响老年人选择居家养老的主要主观规范。这种主观规范通过两种途径加固老年人选择居家养老的意愿:一方面,老年人头脑中的"养儿防老"观念;

另一方面,子女和社会大众对于"孝文化"的认同和坚持。这两种力量的结合,使得绝大多数老年人及其家人倾向于选择居家养老这种方式。

从知觉行为控制来看,居家养老低成本、简单易行的特点使其更容易被老年人所采纳和实施。因此,尽管随着经济水平的提高和社会养老服务的发展,一些老年人已经开始选择机构养老这种社会化的养老方式,但对于大多数老年人来讲,难以负担的机构养老费用,也是他们选择居家养老的一个重要原因之一。

8.1.2　中国老年人的居家养老服务需求

8.1.2.1　中国老年人有着较高的居家养老服务需求

整体需求大的特点明显,尤其是对医疗卫生、康复护理和精神慰藉方面的需求更大。

相对于城市老年人来讲,农村老年人的居家养老服务需求更加强烈,并且需求比例的上升更加明显。一方面,农村地区社会公共服务长期滞后的结果;另一方面,与家庭规模缩小、城乡人口流动加剧,农村家庭照料资源日益减少的现实有关。

8.1.2.2　不同老年人在"基本"和"非基本"居家养老服务需求上差异明显

根据居家养老服务在满足老年人需求层次上的差别,笔者将上门做家务、上门护理、上门看病和聊天解闷这4项服务作为基本居家养老服务归为一类;将老年人服务热线、老年饭桌、陪同看病、日常购物、康复治疗和法律援助这6项服务作为非基本居家养老服务归为另一类。通过对不同老年群体居家养老服务需求的分析得出以下结论。

在基本居家养老服务上,女性、高龄、文化程度较低、无偶、经济状况较差、生活自理能力较差和与其他人居住在一起的老年人的需求更大。

在非基本居家养老服务需求方面,则呈现男性、低龄、文化程度较高、

有偶、生活自理能力较差和独居老年人的需求相对更大的特点。

8.1.2.3 影响城乡老年人居家养老服务需求的因素众多

进一步对老年人居家养老服务需求的影响因素进行分析后发现,年龄、性别、受教育程度、婚姻状况、居住状况、社会保障状况和生活自理能力状况均对城乡老年人的居家养老服务需求产生显著影响。

但从分城乡的情况来看,城市低龄、受教育程度较高、有社会保障老年人的居家养老服务需求更高;而在农村老年人当中,则以高龄、受教育程度较低和没有社会保障的老年人的服务需求更高。造成这种结果的原因很多,以往的研究认为养老观念、对养老服务的认知等是造成这种情况的重要因素。

8.1.2.4 不同类别老年人的居家养老服务需求差异明显

自理老年人的服务需求主要集中在文化娱乐和社会参与方面。城市老年人的社会参与问题更加突出,农村老年人的精神文化娱乐需求得不到满足的问题更加明显。

空巢、独居老年人的精神慰藉、老年饭桌、紧急呼叫、社区托老等针对性、应急性和慰藉性较强的服务项目最迫切和急需。

高龄老年人的服务需求更侧重于日常生活照顾、医疗卫生、康复护理和适合出入的居住环境改造等方面。

失能、残疾老年人的服务需求除了包括日常生活照顾、医疗卫生、康复护理、无障碍环境改造之外,还包括精神慰藉和权益保障等方面。

老年人的照料者对文化娱乐、喘息服务、心理咨询、劳动就业等方面的服务项目更加关注。

8.1.3 中国老年人的居家养老服务利用

8.1.3.1 中国老年人居家养老服务利用水平整体偏低

就目前情况来看,我国老年人对居家养老服务项目的利用水平整体较低。2006 年我国居家养老服务项目利用率最高的是上门看病,其次是聊天解闷,上门做家务的利用率位居第三。其余各项居家养老服务的利用水平都非常低,以老年饭桌为例,在被调查的老年人当中,回答使用过当地的老年饭桌/送饭服务的比例仅为 0.1%。

从具体服务项目的整体利用情况来看,2006 年我国老年人使用过居家养老服务的比例为 29.0%,其中使用过基本居家养老服务项目(包括上门做家务、上门护理、上门看病和聊天解闷)的比例为 28.6%,使用过非基本居家养老服务项目(老年人服务热线、老年饭桌、陪同看病、日常购物、康复治疗和法律援助)的比例为 0.9%,说明目前我国老年人在居家养老服务项目上主要以基本的家务、医疗、护理和精神慰藉服务利用为主。

从服务使用的群体来看,男性、高龄、文化程度较低、无偶、与配偶同居、无养老保险、生活不能自理的老年人使用居家养老服务项目的比例更大,并且在基本居家养老服务项目的利用上,同样呈现相同趋势。但在非基本居家养老服务项目的利用上,则以女性、高龄、文化程度较高、有偶、独居、有养老保险、完全自理的老年人的使用比例更大。

8.1.3.2　影响中国老年人居家养老服务利用的因素众多

利用安德森健康行为模型进一步分析我国老年人居家养老服务利用的影响因素发现:在我国老年人的居家养老服务利用中,前倾因素、能力因素和需求因素都与老年人的服务利用显著相关。

前倾因素中表现出女性、高龄、文化程度较高、无偶、独居、子女数量较多、离休和从机关/事业单位离退休的老年人,更有可能使用居家养老服务。

能力因素中那些经济状况较好、享受社会养老保障和所在社区的居家养老服务项目较多的老年人,使用相关服务的可能性更高。

需求因素中,生活自理能力较差的老年人更有可能使用相关的服务。

8.1.3.3 中国老年人居家养老服务需求、供给与利用之间存在显著落差

由于较低的利用率,导致了在我国居家养老服务的需求、供给和利用之间存在着突出的落差问题。一方面,服务需求高于服务供给,形成服务不足;另一方面,表现为服务供给高于服务利用,形成服务过剩。这种双重矛盾在城乡和地区间的差别更大,表现为城市地区有效需求与有效利用不足,从而导致服务供给相对过剩;农村地区则表现为服务需求远远高于服务供给和服务利用,形成高需求、低供给和低利用的矛盾。此外,在我国东、中、西部地区也存在着服务需求、供给与利用的落差不均衡现象,表现为东部地区服务供给相对过剩,中部地区和西部地区则更多地表现为服务供给相对不足。

8.1.3.4 中国老年人居家养老服务利用率较低的深层次原因

从深度访谈的质性研究看,服务认知水平低、对“外人”服务的防备、收入水平不高、服务质量和服务水平较低、服务门槛的存在、使用条件的限制、服务的随机性和不确定性、服务内容不符合服务需求、服务不能满足老年人的个性化需求、宣传力度不够等因素是制约我国老年人居家养老服务利用的主要原因。

8.1.4 中国居家养老现状分析与对策回应

利用服务链理论,本研究分析了我国居家养老服务在服务供给、服务输送和服务利用方面存在的主要问题,并提出了相应的对策建议。

居家养老服务链就是一个以最大限度满足居家养老老年人(及其照料者)的服务需求为目的,将涉及的行业企业、政府机构、社会团体和相关社会力量全部涵盖在内的服务网络,具有系统性、社会性、主动性、前瞻性、完整性、相符性、复杂性、多样性和长期性等特点,可分为服务供给、服务输送和服务利用阶段,并受涉老政策、市场环境、人员素质和消费观念与水平等因素的影响。

目前我国居家养老服务链在服务供给阶段，存在着“以计划性的服务供给为导向”和“信息不对称”的问题；在服务输送阶段，有着群体、单一、模式化和单中心治理的倾向；在服务利用阶段，则存在着“购买服务”观念滞后，需求、供给和利用不平衡的问题。

在完善我国居家养老服务链方面，要加快服务供给理念、服务输送理念和服务利用理念的转变，深化政府、市场（企业）、社区、社会和家庭五个服务供给主体的权责定位，并着重提高居家老年人及其照料者的服务需求。

8.2　主要研究创新

从“自下而上”的视角，分析了我国老年人的居家养老意愿、需求与服务利用情况。

利用计划行为理论，具体分析了我国老年人居家养老意愿的深层次原因。作为一种行为意愿，老年人的居家养老不仅受老年人对居家养老行为的主观态度影响，还与社会和周围环境对老年人形成的主观规范有关，同时老年人的健康状况、经济条件等行为能力也是影响老年人居家养老行为意愿的一个重要原因。

利用安德森健康行为理论，全面分析了影响我国老年人居家养老服务利用的因素，并利用质性研究方法，分析了我国老年人居家养老服务利用水平较低的主要原因。同时，进一步分析了我国居家养老服务供给、需求与利用之间的落差问题，指出目前我国居家养老服务在推行过程中存在着两种矛盾，即需求大于供给造成的供给不足和供给大于利用造成的供给过剩之间的双重矛盾，利用不足是造成这种矛盾的一个重要原因。

利用服务链理论构建了我国居家养老服务链，具体分析了我国居家养

老服务链在服务供给、服务输送和服务利用三个阶段中存在于服务理念、服务方式等方面的问题，并据此提出了完善和发展我国居家养老服务链的对策建议。

8.3 研究不足之处

研究的深度。国内学者对老年人居家养老服务利用的研究还比较少，在理论架构、研究方法、研究成果等方面可供借鉴的内容还较少。本研究利用安德森健康行为模型对我国老年人居家养老服务利用进行的研究，未能将所有影响老年人居家养老服务利用的因素全部纳入模型中。如安德森健康行为理论的能力因素不仅包括个体方面的经济、收入等因素，还应包括环境方面的因素，如便于服务利用的设施、服务资源、服务可及性等，这都是影响老年人居家养老服务利用的能力因素。本研究受数据的制约，未能将这些因素都纳入模型中，存在一定的不足。

研究的广度。服务需求、供给与利用之间的平衡问题是一个非常复杂的课题，受多种因素的影响。限于数据、资料的限制，本研究难以将所有影响服务需求、供给和利用的因素都纳入进来。未来要进一步拓宽研究的宽度和广度，将更多的变量和影响因素考虑进来。

研究数据和资料。受时间的限制，本研究仅使用了中国老龄科研中心在 2000 年和 2006 年的调查数据，后续的研究中应该进一步利用最新的数据加以分析，并将纵向调查数据纳入分析研究中。此外，本研究使用定性访谈资料分析发现的观点，在代表全体老年人方面还存在着一定的不足，需要在后续研究中进一步扩大研究对象的范围，对主要研究观点做进一步的验证。

8.4　未来研究方向

在利用新数据、新资料做进一步研究分析的基础上，未来将进一步加深对以下内容的研究。

居家养老服务利用研究。影响老年人居家养老服务利用的因素众多，包括政策导向、市场环境、文化和传统观念等多个方面的因素，对中国老年人居家养老服务利用的研究空间还很大。本研究只是一个初步尝试，未来还需要进一步研究，主要的研究方向是对不同的老年人群，哪些因素会更多地影响他们对居家养老服务的利用，如何提高老年人对居家养老服务的利用等。

“以需求为导向”的居家养老服务供给研究。如何评估老年人的居家养老服务需求，围绕老年人的需求，政府、市场（企业）、社区、社会和家庭所能提供的具体服务项目分别为哪些，服务供给机制应该如何建立与完善等。

参考文献

1. Abramovice B. Long term care administration—The management of institutional and non – institutional components of the continuum of care[M]. New York：Haworth. 1988.

2. Ada C. Mui,Denise Burnette. Long – Term Care Service Use by Frail Elders：Is Ethnicity a Factor? [J]. The Gerontologist. 1994,34(2).

3. Ajzen I. From intentions to actions：A theory of planned behavior [G]. Kuhl J, Beckman J, (Eds.). Action control：From cognition to behavior. Heidelberg. Germany：Springer, 1985.

4. Algera M, Fancke AL, Kerkstra A,et al. Home care needs of patients with long – term care conditions：literature review[J]. Journal of Advanced Nursing,2004(46).

5. Allen S M, Mor V. The prevalence and consequences of unmet need. Contrasts between older and younger adults with disability[J]. Med Care, 1997(35).

6. Allen S M. Gender differencesin spousalc are – giving and unmet need for care[J]. Gerontologist,1994(49).

7. Andersen, Ronald, John F. Newman. Societal and Individual Determinants of Medical Care Utilization in the United States. [J]. Milbank Memorial Fund Quarterly. 1973(51).

8. Andrew Sixsmith, Judith Sixsmith. Ageing in Place in the United Kingdom [J]. Ageing Int, 2008(32).

9. Armitage C J, Conner M. Efficacy of the theory of planned behavior: A meta – analytic review[J]. British Journal of Social Psychology, 2001(40).

10. Badger TA. Depression, physical health impairment and service use among older adults[J]. Public Health Nurs,1998(15).

11. Bagley C R. Mental health and social adjustment of elderly Chinese immigrants in Canada[J]. Canada's Mental Health,1993. 41(3).

12. Bagozzi R P, Ue H M, VanLoo M E. Decisions to donate bone marrow: The role of attitudes and subjective norms across cultures[J]. Psychology and Health, 2001(16).

13. Baila Miller Stephanie Mcfall. The Effect of Caregiver's Burden on Change in Frail Older Persons' Use of Formal Helper[J]. Journal of Health and Social Behavior,1991(32).

14. Bartlett H. Nursing homes for elderly people: Questions of quality and policy [M]. Langhornr,PA:Harwood,1993.

15. Bass, David, Linda Noelker. The Influence of Family Care givers on Elder's Use of In – Home Service: An Expanded Conceptual Framework[J]. Journal of Health and Social Behavior ,1987(280).

16. Bass D M, Looman W J, Ehrlich P. Predicting the volume of health and social services: Integrating cognitive impairment into the modified Andersen framework[J]. The Gerontologist, 1992(32).

17. Bass, David, Linda Noelker. The Influence of Family Caregivers on Elder's

Use of In – Home Service: An Expanded Conceptual Framework[J]. Journal of Health and Social Behavior,1987(280).

18. Berkeley Planning Associates. Evaluation of Coordinated Community – Oriented Long – Term Care Demonstration Projects: Final Report[M]. Berkeley, Calif,1985.

19. Berki S E, Kobashigawa B. Education and income affects in the use of ambulatory services in the US[J]. Health Service, 1978(8).

20. Bland R. Independence, privacy and risk: two contrasting approaches to residential care for older people[J]. Ageing and Society, 1999(19).

21. Bowling A, Browne P D. Social networks, health, and emotional well – being among the oldest old in London[J]. Gerontologist. ,1991(46).

22. Braithwaite V. Institutional restipe care: Breaking chores of breaking social bonds[J]. Gerontologist, 1998(38).

23. Branch L G, Jette A M. The Framingham Dis – ability Study : Social disability among the aging[J]. A m J Pub Health, 1981(71).

24. Branch L G, Wetle T T, Scherr P A, et al. A prospective study of incident comprehensive medical home care use among the elderly[J]. Am J Public Health, 1988(78).

25. Broadhead W E, Gehlbach S H, de Gruy F V, et al. Functional versus structural support and health care utilization in a family medicine outpatient practice[J]. Med Care, 1989(27).

26. Burnholt V, Windle G. Literature review for the strategy of older people in Wales social inclusion for older people[R]. http://www. wales. gov. uk/subisocialpolicy/content/ssg/LR3. pdf. 2001.

27. Cafferta G L. Marital status, living arrangements and the use of health services by elderly persons[J]. Gerontologist, 1987(42).

28. Calsyn R J, Roades L A. Predicting perceived service need, service awareness, and service utilization Gerontologist[J]. Journal of Gerontological Social Work, 1993(21).

29. Carole Cox DSW. Physician Utilization by Three Groups of Ethnic Elderly [J], Medical Care, 1986(24).

30. Chapman N J, Howe D A. Accessory apartments: are they a realistic alternative for ageing in place? [J] Housing Studies, 2001(16).

31. Chappell N L, Lai D. Health care service use by Chinese seniors in British Columbia, Canada[J]. Journal of Cross – Cultural Gerontology, 1998(13).

32. Chen Y J. Theory and practice of the elderly welfare: Local points of view [M]. Taipei: Yeh Yeh, 2007.

33. Chiang T L. Use of health services by the elderly in the Tai Pai area[J]. Formosan Med Assn, 1989(88).

34. Choi H K. Cultural and non – cultural factors as determinants of caregiver burden for the impaired elderly in South Korea[J]. Gerontologist, 1993 (33).

35. Choi M. Married Korean women's responses to domestic violence within the framework of sociocultural context[R]. Unpublished doctoral dissertation, University of Arizona, Tucson, Arizona, 2004.

36. CHOW N. The changing responsibilities of the state and family toward elders in Hong Kong[J]. Journal of Aging & Social Policy, 1993(5).

37. Clarity. Attitudes of seniors and baby boomers on aging in place[R]. http://www. clarity products. com/research/clarity_aging _in_place_2007.

38. Clipp, Elizabeth C, Linda George. Caregiver Needs and Patterns of Social Sup – port[J]. Journal of Gerontology: Social Sciences, 1990(45).

39. Connie Evashwick, Genevieve Rowe, Paula Diehr, et al. Factors Explaining

the Use of Health Care Services by the Elderly[J]. Elderly and Health Care, 1984(8).

40. Coulton, Claudia, Abbie K, et al. Use of Social and Health Services by the Elderly[J]. Journal of Health and Social Behavior, 1982(23).

41. Counte M A, Glandon G L. A panel study of life stress, social support and the health services utilization of older persons[J]. Med Care, 1991(29).

42. Cox C. Physician utilization by three groups of ethnic elderly[J]. Med Care, 1986(24).

43. Crist J D, S Escandón – Dominguez. Identifying, recruiting and sustaining Mexican American community partnerships[J]. Transcul. Nurs, 2003(14).

44. Crist J D. Mexican American elders' use of skilled home care nursing services[J]. Health Nurs, 2002(19).

45. Crist J D. The meaning for elders of receiving family care[J]. Adv. Nurs., 2005(49).

46. Crist J D, L R Phillips, D García – Smith. Accommodating the stranger en-casa: Mexican American elders' decisions to use home care services[J]. Res. Theory. Nurs. Pract, 2006(20).

47. Crist J D, S H Woo, M Choi. A comparison of the use of home care services by Anglo – American and Mexican American elders[J]. Transcul. Nurs., 2007(18).

48. Cueller J, Weeks J. Minority elderly Americans: A prototype for area agencies on aging[G]. San Diego: Allied Home Health Assn, 1980.

49. Cutchin M P. The process of mediated aging – in – place: a theoretically and empiri – cally based model[J]. Social Science and Medicine, 2003(57).

50. Dellmann – Jenkins M, Blankemeyer M, Pinkard O. Young adult children

and grandchildren in primary caregiver roles to older relatives and their service needs[J]. Fam Relat,2000(49).

51. Doty P. Family Care of the Elderly: The Role of Public Policy[J]. The Milbank Quarterly,1986(64).

52. Duncan R. Blueprint for action: the National Home Modifications Action Coalition[J]. Technology and Disability, 1998(8).

53. Earle L. Snider. Awareness and Use of Health Services by the Elderly – A Canadian Study[J]. MEDICAL CARE, 1980(12).

54. Edleman P, Hughes S. The impact of community care on provision of informal care to homebound elderly persons [J]. Gerontologist, 1990(45).

55. Escarce J J, Epstein K R, Colby D C, et al. Racial differences in the elderly's use of medical procedures and diagnostic tests[J]. American Journal of Public Health,1993(7).

56. Eunju Hwang. Exploring Aging – in – Place Among Chinese and Korean Seniors in British Columbia [J]. Canada. Ageing Int ,2008(32).

57. Evashwick E,Rowe G, Diehr P, et al. Factors explaining the use of health care services by the elderly[J]. Health Services Research,1984(19).

58. Family Care Organization of Taiwan. Survey of family caregivers nowadays. Taipei: Family Care Organization of Taiwan,2007.

59. Fishbein M, Ajzen I. Belief attitude intention and behavior: An introduction to theory and research reading[M], MA: Addison – Wesley, 1975.

60. Fishbein M. An investigation of the relationships between beliefs about an object and the attitude toward that object[J]. Human Relations, 1963, (16).

61. Forbes S A, Hoffartv N. "Elders" decision making regarding the use of long – term care services: A precarious balance[J]. Qualitative Health Re-

search,1998(8).

62. Fries J F, Green L W, Levine S. Health promotion and the compression of morbidity[J]. Lancet, 1989.

63. Fries J F. Aging , natural death and the compression of morbidity. The New England Journal of Medicine, 1980(303).

64. Fries J F. Measuring and monitoring success in compressing morbidity[J]. Annals of Internal Medicine, 2003(139).

65. Gaugler J E, kane R A, Robert L, et al. Early community – based service utilization and its effects on institutionalization in dementia caregiving[J]. Gerontologist, 2005(45).

66. Gelfand D E, H Balcazar, J Parzuchowski, et al. Mexicans and care for the terminally ill: Family, hospice and the church[J]. Hospice Palliat. Care, 2001(18).

67. Ghosh C. Healthy people 2010 and Asian American/Pacific islanders: defining a baseline of information [J]. American Journal of Public Health, 2003(93).

68. Goffman E. A sylums: Essays on the social situation of mental patients and other inmates[M]. Garden City, NY: Anchor books, 1961.

69. Golant S M. Conceptualizing time and behavior in environmental gerontology: a pair of old issues deserving new thought[J]. The Gerontologist, 2003 (43).

70. Gruenberg E M. The failure of success[J]. Milbank Q, 1977(55).

71. Gure T R, M U Kabeto, K M Langa. The influence of long – term care insurance on the likelihood of nursing home admission [J]. Am. Geriatr. Soc., 2009(27).

72. Haight B, Michel Y, Hendrix S. Life review: Preventing despair in newly re-

located nursing facility residents:Short – term and long – term effects [J]. International Journal of Aging and Human Development,1998(47).

73. Hanley R J, Alecxih L M, Wiener J M, et al. Predicting elderly nursing home admissions[J]. Res Aging. 1990(12).

74. Hennelly V D, Boxerman S B. Continuity of medical care: Its impact on physician utilization[J]. Med Care, 1979(17).

75. Hess, Beth B, Beth J Soldo. Husband and Wife Networks [G]// R Coward, W. Sauer. Social Support Networks and Care of the Elderly. New York: Springer,1985.

76. Heywood F. The health outcomes of housing adaptations[J]. Disability and Society, 2004(19).

77. Heywood F, Oldman C, Means R. Housing and Home in Later Life[M]. UK. Buckingham, Open University Press, 2002.

78. Hong Li. Barriers to and Unmet Needs for Supportive Services: Experiences of Asian – American Caregivers[J]. Journal of Cross – Cultural Gerontology, 2004(19).

79. Hooyman N, Kiyak H A. Social Gerontology [M]. Boston: Allyn and Bacon, 1993.

80. Horowitz, Amy. Family Caregiving to the Frail Elderly[G]// C Eisdorfer. Annual Review of Gerontology and Geriatrics. New York: Springer. 1985.

81. Houde S C. Predictors of elders' and family caregivers' use of formal home services[J]. Research in Nursing and Health, 1998(21).

82. Hwang E, Ziebarth A. The impacts of different aspects of residential environments on housing satisfaction among Korean American elders in Minnesota [J]. Housing and Society, 2006(33).

83. Jackson M E. Prevalence and correlate sofun met need among the elder with

ADL disabilities [G]. Washington, DC: US Department of Health and Human Services, Assistant Secretary of Planning and Evaluation, 1991.

84. Jackson S A, Mittelmark M B. Unmet needs for formal home and community services among African American and White older adults: The Forsyth County Aging Study[J]. Journal of Applied Gerontology, 1997(16).

85. Jae Kennedy. Unmet and Undermet Need for Activities of Daily Living and Instrumental Activities of Daily Living Assistance Among Adults With Disabilities Estimates From the 1994 and 1995 Disability Follow - Back Surveys [J]. Medical Care, 2001(39).

86. James E. Lubben, Valentine Villa, Ailee Moon. Awareness and Utilization of Community Long - Term Care Services by Elderly Korean and Non - Hispanic White Americans[J]. The Gerontologist, 1998(38).

87. Jamila Bookwala, Bozena Zdaniuk, Lynda Burton, et al. Concurrent and Long - Term Predictors of Older Adults' Use of Community - Based Long - Term Care Services: The Caregiver Health Effects Study[G].

88. Jhuo C Y. To live a comfortable life in the older years: Changes of the elderly care in Taiwan families. Taipei: Chuliu. 2001.

89. Jing - Juin Huang, Kuan - Chia Lin, I - Chuan Li. Service needs of residents in community - based long - term care facilities in northern Taiwan[J]. Journal of Clinical Nursing, 2006(21).

90. Johnson R J, Wolinsky F D. Use of community - based long - term care services by older adults[J]. Journal of Aging & Health, 1996(8).

91. Kadushin G. Home health care utilization: A review of the research for social work[J]. Health Soc Work., 2004(29).

92. Kane R L, Kane R A. Assessment in long - term care[J]. Annual Review of Public Health, 2000(21).

93. Kemper P. The use of formal and informal home care by the disabled elderly [J]. Health Serv Res,1992(27).

94. Kim J, Lauderdale D S. The role of community context in immigrant elderly living arrangements[J]. Research on Aging, 2002(24).

95. Kirscht J P, Becker M H, Eveland J P. Psychological and social factors as predictors of medical behavior[J]. Med Care ,1976(14).

96. Kovar M G. Health of the elderly and use of health services[J]. Public Health Rep, 1977(92).

97. Kramer M. The rising pandemic of mental disorders and associated chronic diseases and disabilities[J]. Acts Psychiatric a Scandinavia, 1980(285).

98. Krout J. Knowledge and use of services by the elderly: a critical review of the literature[J]. Int J Aging Human,1983(17).

99. Krupat E. People in cities: The Urban Environment and Its Effects[M]. New York: Cambridge University Press,1985.

100. Lai D W L. Health status of older Chinese in Canada[J]. Canadian Journal of Public Health. 2004(95).

101. Lander S, Brazill A, Ladrigan P. Intra – institutional relocation [J]. Journal of Gerontological Nursing. 1997(23).

102. Levesque L, Cosette S, Potvin L,et al. Community Services and caregivers of a demented relative:users and those perceiving a barrier to their use[J]. Can J Aging, 2000(19).

103. Levkoff S E, Cleary P D, Wetle T. Differences in determinants of physician use between aged and middle – aged persons[J]. Med Care,1987 (25).

104. Makrides K S, Levin J S, Ray L A. Determinants of physician utilization among Mexican Americans[J]. MedCare,1985(23).

105. Makrides K S, Levin J S, Ray L A. Determinants of physician utilization among Mexican Americans[J]. MedCare,1985(23).

106. Manton K G. Epidemiological, demographic, and social correlates of disability among the elderly[J]. Milbank Q,1989(67).

107. Mc Auley W J, Arling G. The use of in – home care by very old people [J]. Health Soc Behav, 1984(25).

108. Wolinsky F D, Johnson R J. The use of health services by older adults [J]. JGerontologist,1991(46).

109. Mechanic D. Religion, religiosity and illness behavior: The special case of the Jews[J]. Human Organization, 1963(22).

110. Melanie Luppa, Tobias Luck, Siegfried Weyerer, et al. Prediction of institutionalization in the elderly. A systematic review[J]. Age and Ageing , 2010(39).

111. Michael A, Counte, Gerald L. Glandon, A Panel Study of Life Stress, Social Support, and the Health Services Utilizationo f Older Persons[J]. Medical Care,1991(29).

112. Miller B, McFall S. The effect of caregiver's burden on change in frail older persons' use of formal helpers[J]. Journal of Health and Social Behavior, 1991(32).

113. Milne D, Pitt I, Sabin N. Evaluation of a carer support sheme for elderly people:The importance of coping[J]. Br J Soc Work, (23).

114. Mindel C, R Wright Jr, et al. Informal and Formal Social Support Systems of Black and White Rural Elderly: A Comparative Cost Approach[J]. Gerontologist ,1986(26).

115. Moen E. The reluctance ofthe elderly to accept help[J]. Soc Prob, 1978 (25).

116. Moore, Wilbert E. Social Structure and Behavior[G]. Gardner Lindzey and Elliot Aronson. The Handbook of Social Psychology, Volume 4, 2nd edition. Reading, Massachusetts: Addison – Wesley, 1969.

117. Mor V, Allen S M, Siegel K, et al. Determinants of need and unmet need among cancer patients residing at home[J]. Health Serv Res, 1992(27).

118. Morgan D, Semchuk K, Stewart N, et al. Rural mal services[J]. Soc Med, 2002(55).

119. Moxley D P. The practice of case management[M]. Newbury Park, CA: Sage. 1989.

120. Muller C. The RUG – III case mix classification system for longterm care nursing facilities: is it adequate for nurse staffing? [J]. Journal of Nursing Administration, 2000(30).

121. Mutran E, Ferraro K. Medical need and use of services among older men and women[J]. Gerontologist, 1988(43).

122. Myunghan Choi, Janice D, Crist, et al. Predictors of Home Health Care Service Use by Anglo American, Mexican American and South Korean Elders[J]. International Journal of Research in Nursing, 2010(6).

123. Newman S, J D Reschovsky, K Kaneda, et al. The Effects of Independent Living on Persons with Chronic Mental Illnesses: An Assessment of the Section 8 Certificate Program[J]. Milbank Quarterly, 1994(72).

124. Noelker L. The Impact of Environmental Problems on Caring for Impaired Elders in a Home Setting[C]. Paper presented at the 35th Annual Gerontological Society Meetings, 1982.

125. Noelker L S, Bass D M. Home care for elderly persons: Linkages between formal and informal caregivers[J]. Journal of Gerontology: Social Sciences, 1989(44).

126. Noelker L S, Ford A B, Gaines A D, et al. Attitudinal influences on the elderly' s use of assistance[J]. Research on Aging,1998(20).

127. Noelker L, D Bass. Home Care for Elderly Persons: Linkage between Formal and Informal Caregivers[J]. Journal of Gerontology, 1989(44).

128. Ortiz F, Fitten L. Barriers to healthcare access for cognitively impaired older Hispanics[J]. Alzheimer' s Dis Assoc Disord,2000 (14).

129. Penning M J. Cognitive impairment, caregiver burden, and the utilization of home health services[J]. Journal of Aging and Health,1995(7).

130. Penning M J. Cognitive impairment, caregiver burden, and the utilization of home health services[J]. Journal of Aging and Health,1995(7).

131. Perez F R, Fernandez – Mayoralas G, Rivera F E P, et al. Ageing in place: predictors of the residential satisfaction of elderly[J]. Social Indicators Research, 2001(54).

132. Petersson I, Lilja M, Hammel J, et al. Impact of home modification services on ability in daily life for people ageing with disabilities[J]. Journal of Rehabilitation Medicine,2007(10).

133. Piercy K W, Blieszner R. Balancing family life: How adult children link elder responsibility to service utilization[J]. Journal of Applied Gerontology, 1999(18).

134. Pol L G, K J Mueller,P T Adidam. Racial and ethnic differences in health insurance for the new elderly[J]. Health Care Poor Underserv, 2002(13).

135. Pynoos J, E Cohen, L Davis,et al. Home Modifications: Improvements that Extend Independence[G]//V Regnier, J Pynoos. In Housing the Aged: Design Directives and Policy Considerations. New York: Elsevier,1987.

136. Quinn M E, Johnson M A, Andress E L, et al. Health characteristics of older people personal care home residents[J]. Journal of Advanced Nurs-

ing, 1999(30).

137. Restrepo H E, Rozental M M. The social impact of aging populations: Some major issues[J]. Soc Sci Med,1994(39).

138. Rhodes R E, Courneya K S. Investigating multiple components of attitude, subjective norm, and perceived behavioral control: An examination of the theory of planned behavior in the exercise domain[J]. British Journal of Social Psychology, 2003(42).

139. Richards S. Bridging the divide: elders and the assessment process[J]. British Journal of Social Work, 2000(30).

140. Robert L, Mollica. Aging in Place in Assisted Living: State Regulations and Practice[J/OL]. http://www.canhr.org/reports/2005/ASHA_paper - AIP_final.pdf. 2005.

141. Rosner T T, Namazi K H, Wykle M L. Physician use among the old - old [J]. Med Care,1988(26).

142. Rowles G D, Oswald F, Hunter E G. Interior living environments in old age[G]//Wahl H - W, Scheidt R J, Windley P G, eds. Annual Review of Gerontology and Geriatrics. Focus on Aging in Context : Socio - Physical Environment. New York: Springer Publishing Company, 2003.

143. Ruthanna M, Alan S, Gloria D, et al. Perceived risks to independent living: the views of older, community - dwelling adults[J]. The Gerontologist, 1997(37).

144. Sangl G. The Family Support System of the Elderly In Longterm Care[G]// R Voegel, H Palmer. Washington: Health Care Financing Administration. 1983.

145. Secker J, Hill R, et al. Promoting independence: but promoting what and how[J]. Ageing and Society, 2003(23).

146. Shanas E. Reported illness and the utilization of medical care[J]. Public Welfare, 1960(18).

147. Sheeran P, Orbell S. Augmenting the theory of planned behavior: Roles for anticipated regret and descriptive norms[J]. Journal of Applied Social Psychology, 1999(23).

148. Siegel K, Raveis V H, Houts P, et al. Caregiver burden and unmet patient needs[J]. Cancer,1991(68).

149. Smith M Y, Rapkin B D. Unmet needs for help among persons with AIDS [J]. AIDS Care,1995(7).

150. Smith M H, Longino C F, Jr. Demography of caregiving. Educational Gerontology[J], 1994(20).

151. Stark S. Removing environmental barriers in the homes of older adults with dis - abilities improves occupational performance[J]. OTJR: Occupation, Participation and Health,2004(24).

152. Staveley J. The transition to nursing facility living:Relocation and adaptation conceptualized in a person - enviromnet congruence model[J]. Dissertation Abstracts Inernational,1997(58).

153. Stephene Arlf Oremanj D, Lucy C,et al. Use of Health Services by Chinese Elderlyin Beijing[J]. Medical Care,1998(36).

154. Stephens, Susan A, Jon B. Christianson. Informal Care of the Elderly[M]. Lexington, MA: Lexington Books,1986.

155. Steven P, Wallace, Lene Levy - Storms, et al. Feguson, Access to Paid In - Home Assistance among Disabled Elderly People: Do Latinos Differ from Non - Latino Whites? [J]. American Journal of Public Health,1995 (85).

156. Stoller E P, Cutler S J. Predictors of use of paid help among older people

living in the community[J]. Gerontologist,1993(33).

157. Stone, Robyn, Gail Cafferata, et al. Caregivers of the Frail Elderly: A National Profile[J]. The Gerontologist,1987(27).

158. Strain L A. Use of health services in later life: influence of health beliefs [J]. The Gerontologist, 1991(46).

159. Strand P, Jones W. Health service utilization by Indochinese refugees[J]. Med Care,1983(21).

160. Struyk R, H Katsura. Aging at Home: How the Elderly Adjust Their Housing Without Moving. New York: Haworth Press,1988.

161. Susan Crocker Houde. Predictors of elders' and family caregivers' use of formal home services[J]. Research in Nursing & Health,1998(21).

162. Sussman M B. The family life of old people[G]//Binstock R H, Shanas E, eds. Handbook of Aging and the Social Sciences. 2nd ed. New York: Van Nostrand Reinhold,1985.

163. Sussman M. Social and Economic Supports and Family Environments for the Elderly[J]. Washington: Administration on Aging,1979(90).

164. Syu S J. Filial piety in Chinese families and experiences of caring parents. Department of Statistics [R], National Science Council. Taiwan: Taipei, 1999.

165. Tebb S, Jivanjee P. Caregiver isolation:an ecological model[J]. Gerontol Soc Work,2000(34).

166. Tell E J, Cohen M A, Larson M J, et al. Assessing the elderly's preferences for lifecare retirement options[J]. The Gerontologist, 1987(27).

167. Tennstedt S, McKinlay J, Kasten L. Unmet need among disabled elders: a problem in access to community long-term care? [J]. Soc Sci Med,

1994(38).

168. Tennstedt S L, Crawford S, McKinlay J B. Determining the pattern of community care: Is coresidence more important than caregiver relationship? [J]. Journal of Gerontology:Social Sciences, 1993(48).

169. Tennstedt S, J McKinlay. Frail Older People Reliant on Formal Services: Comparison with Those Receiving Informal Care [C]. Presented at the 40th Annual Meeting of the Gerontological Society of America, Washington, D. C, 1987.

170. Tennstedt S L, M L Sullivan, J B McKinlay,et al. How important is functional status as a predictor of service use byolder people? [J]. Aging Health,1990(4).

171. Tennstedt, Sharon L, John B, et al. Informal Care for Frail Elders: The Role of Secondary Care - givers[J]. The Gerontologist,1989(29).

172. Thomas C, Payne SM. Home alone: unmet need for formal support services among home health clients [J]. Home Health Care Serv Q, 1998 (17).

173. Thomas J. Hoerger, Gabriel A. Picone and Frank A. Sloan. Public Subsidies, Private Provision of Care and Living Arrangements of the Elderly[J]. The Review of Economics and Statistics,1996(3).

174. Thomas S. The Significance of Housing as a Resource[G]//R Vogel, H Palmer. Long - Term Care. Washington: Health Care Financing Administration,1983.

175. Tinker A, Wright F, McCreadie C, et al. Alternative models of care for older people. Report for the royal commission on long term care [M]. London: TSO,1999.

176. Tremblay M S, Bryan S N, Perez C E, et al. Physical activity and immi-

grant status: evidence from the Canadian Community Health Survey [J]. Canadian Journal of Public Health, 2006(97).

177. Twaddle A. The concept of health states[J]. Soc Sci Med, 1974(8).

178. Van Wezemael J E, Gilroy R. The significance of demographic change in the Swiss approach to private rented housing: a potential for ageing in place? [J] Housing Studies, 2007(22).

179. Verderber S. The role of housing in community health promotion among the aged: a case study in New Orleans[J]. Journal of Housing for the Elderly, 2006(20).

180. Vetter P, Steiner O, Kraus S, et al. Factors affecting the utilization of homecare supports by caregiving relatives of Alzheimer patients [J]. Dementia and Geriatric Cognitive Disorders, 1998(9).

181. Vik K. Older adults' participation in occupation in the context of home - based rehabiliation[R]. Karolinska Institutet, Stockholm. 2008.

182. Wallace S P, Lew - Ting CY. Getting by at home: community based long - term care of Latino elderly[J]. West J Med, 1992(157).

183. Wallace S P, L Levy - Storms, R S kington, et al. The persistence of race and ethnicity in the use of long - term care[J]. Gerontol. Soc. Sci., 1998(53).

184. Wan T, Odell B, Lewis D. Factors affecting the use of social and health services among the elderly[J]. Aging Soc, 1981(1).

185. Wan T. Use of health services by the elderly in low - income communities [J]. Milbank Mem Fund Q, 1982(60).

186. Wan T. Functionally Disabled Elderly: Health Status, Social Support, and Use of Health Services[J]. Research on Aging, 1987(9).

187. Wan, Thomas T H, Greg Arling. Differential Use of Health Services among

Disabled Elderly[J]. Research on Aging,1983(5).

188. Wang J J. The comparative effectiveness among institutionalized and non - institutionalized older people in Taiwan of reminiscence therapy as a psychological measure[J]. The Journal of Nursing Research,2004(12).

189. Ward R. Services for older people: an integrated framework for research [J]. Health Soc Behav,1977(18).

190. Ward R, La Gory M, Sherman S. The Neighborhood as A Place for Aging [G]//Ward R, La Gory M, Sherman S,et al. The environment for aging: Interpersonal, social, and spatial contexts[M]. AL: The University of Alabama Press, 1988.

191. Ware J E. Scales for measuring general health perceptions[J]. Health Serv Res,1976(11).

192. William H. Thomas, Janice M. Blanchard. Moving Beyond Place: Aging in Community[J]. Journal of American Society on Aging,2009(33).

193. Wolinsky F D, Mosely II RR, Coe R M. A cohort analysis of the use of health services by elderly Americans[J]. Health Soc Beh,1986(27).

194. Wolinsky F, Coe R, Miller D, et al. Health services utilization among the noninstitutionalized elderly[J]. Health Soc Behav, 1983(24).

195. Wolinsky F D. Assessing the effects ofpredisposing, enabling, and illness - morbidity characteristics on health service utilization[J]. Health Soc Behav,1978(19).

196. Wolinsky F, Johnson R. The use of health services by older adults[J]. Journal of Gerontology:Social Sciences, 1991(46).

197. Wolinsky, Frederic D, R M Coe, et al. Health Services Utilization among the Noninstitutionalized Elderly[J]. Journal of Health and Social Behavior,1983(24).

198. WORTH A. Assessment of the needs of older people by district nurses and social workers: a changing culture? [J]. Journal of Interprofessional Care, 2001(15).

199. Wu S Z, Chiou C J. The exploration of related factors of nursing care problems in home health care patients[J]. The Journal of Nursing Research, 1997(5).

200. Wu Z, Hart R. Social and health factors associated with support among elderly immigrants in Canada[J]. Research on Aging, 2002(24).

201. Yeatts D E, Crow T, Folts E. Service use among low – income minority elderly: strategies for overcoming barriers [J]. Gerontologist, 1992 (32).

202. Yeh K H. Changes in Taiwan People's Concept of Filial Piety. [G]// Chang L Y, Lu Y H, Wang F C, eds. Taiwan Society in 1990s: Taiwan Social Change Survey Symposium Series. Institute of Sociology, Academia Statca, Taipei, 1997.

203. Yen – Jen Chen. Strength Perspective: An Analysis of Ageing in Place Care Model in Taiwan Based on Traditional Filial Piety[J]. Ageing Int, 2008 (32).

204. Zborowski M. Cultural components in responses to pain[J]. Journal of Social Issues, 1952(8).

205. Zimmer Z, Mar tin L G, Chang M C. Changes in functional limitation and survival among older Taiwanese, 1993 and 1996[J]. Pop Stud, 2002(56).

206. Zola I. Pathways to the doctor – from person to patient[J]. Soc Sci Med, 1973(7).

207. LaPiere R T. Attitudes vs. actions[J]. Social Forces, 1934(13).

208. Wicker A W. Attitudes versus actions: The relationship of verbal and overt

behavioral responses to attitude objects[J]. Journal of Social Issues, 1969 (25).

209. Fishbein M. An investigation of the relationships between beliefs about an object and the attitude toward that object[J]. Human Relations, 1963 (16).

210. Fishbein M, Ajzen I. Belief, attitude, intention, and behavior: An introduction to theory and research reading[M]. MA: Addison - Wesley, 1975.

211. Ajzen I. From intentions to actions: A theory of planned behavior[G]. Kuhl J, Beckman J, Eds. Action control: From cognition to behavior. Heidelberg, Germany: Springer, 1985.

212. Ajzen I. The theory of planned behavior. Organizational behavior and human decision processes[R]. 1991.

213. Chen Feinian, Family Structures, Familial Relationship and Socioeconomic Changes in China and Russia[J]. The Humanities and Social Science, 2002(62).

214. Costa D L. A House of Her Own: Old Age Assistance and Living Arrangements of Older Unmarried Women[J]. Journal of Public Economics, 1999 (72).

215. McGarry, K Schoeni, R F. Social Security, Economic Growth, and the Rise in Elderly Widows' Independence in the Twentieth Century[J]. Demography, 2000(37).

216. Tinsley H E A, Teaff J D, Clobs S L, et al. A system for classifying leisure activities in terms of the psychological benefits of participation reported by older persons[J]. Journal of Gerontology, 1985(40).

217. Family Care Organization of Taiwan. Survey of family caregivers nowadays

[JR]. Taipei: Family Care Organization of Taiwan, 2007.

218. Piercy K W, Blieszner R. Balancing family life: How adult children link elder responsibility to service utilization[J]. Journal of Applied Gerontology, 1999(18).

219. Braithwaite V. Caregiving burden: Making the concept scientifically useful and policy relevant[J]. Research on Aging, 1992(74).

220. George L K, Gwyther L P. Caregiver well - being: A multidimensional examination of family caregivers of demented adults[J]. The Gerontologist, 1986(26).

221. Horowitz A. Sons and daughters are caregivers to older parents: Differences in role performance and consequences[J]. The Gerontologist, 1985(25).

222. Horowitz A. Family caregiving to the frail elderly[J]. Annual Review of Gerontology and Geriatrics, 1985(5).

223. Eisdorfer C. Caregiving: An emerging risk for emotional and physical pathology[R]. The Menninger Foundation, 1991:238 - 239.

224. Haley W E, West C A C, Wadley V G, et al. Psychological, social and health impact of caregiving: A comparison of black and white dementia family caregivers and non caregivers[J]. Psycology and Aging, 1995(10).

225. Rankin E D, Haur M W, Keefover R W, et al. The establishment of clinical cutoffs in measuring caregiver burden in dementia[J]. The Gerontologist, 1984(34).

226. Susan L H, Anita Giobbie - Hurder, Frances, et al. Relationship between caregiver burden and health - related quality of life[J]. The Gerontologist, 1999(39).

227. Newman S, J D Reschovsky, K Kaneda, et al. The Effects of Independent

Living on Persons with Chronic Mental Illnesses: An Assessment of the Section 8 Certificate Program[J]. Milbank Quarterly,1994(72).

228. McGee M A,et al. The description of activities of daily living in five centres in England and Wales Medical Research Council Cognitive Function and Ageing Study[J]. Age and ageing,1998(27).

229. Jiang J,Tang Z,Meng X J,et al. Demographic determinants for change in activities of daily living: a cohort study of the elderly people in Beijing [J]. Journal of epidemiology Japan Epidemiological Association, 2002 (12).

230. Yang Z,Zhang D L Xu J. The simulation of service supply chain formation based on mobile agant's searching[C]. Proceedings of IEEE International Conference. 2003.

231. Akkermans, Henk,Bart Vos. Amplification in the service supply chains: An exploratory case study from the telecom industry production and operations management[R]. 2003.

232. Kathawala, Abdou. Supply chain evaluation in the service industry: a framework development compared to manufacturing[J]. Managerial Auditing Journal, 2003(18).

233. Ellram, Lisa M, Wendy L. Tate and billing ton understanding and managing the service supply chain[J]. Journal of Supply Chain Management, 2004(40).

234. Sandra J. Newman. Housing Policy and Home - Based Care[J]. The Mailbank Quarterly,1995(73).

235. N. R. 霍曼,H. A. 基亚克. 社会老年学[M]. 北京:社会科学文献出版社,1992.

236. 曹子建,胡晓萍,肖化戎,等. 成都市老年人养老意愿和社会支持网研究[J]. 四川教育学院学报,2009(6).
237. 常州市养老服务需求课题调研组. 常州市养老服务需求调查报告[R]. http://www.jsllw.gov.cn/newsfiles/4/2009-06/10193.shtml.
238. 陈翠莲,姚兆余. 农村老年人机构养老意愿研究——基于对江苏省P县Z村的调查[J]. 经济研究导刊,2010(1).
239. 陈国际. 我国医疗卫生公共支出的实证分析[J]. 河南财政税务高等专科学校学报,2009(2).
240. 陈惠姿. 长期照护资源的供给面分析[R]. http://66.102.7.104.
241. 陈建兰. 空巢老人的养老意愿及其影响因素——基于苏州的实证研究[J]. 人口与发展,2010(2).
242. 陈军. 居家养老:城市养老模式的选择[J]. 社会,2001(9).
243. 陈思,侯志阳. 城市居家养老服务中的公平问题[J]. 社会福利,2010(5).
244. 陈伟. 社区居家养老模式中日间照顾中心服务体系的构建[J]. 河海大学学报(哲学社会科学版),2010(1).
245. 陈文玲."亲而不近":城市知识分子空巢家庭的亲子关系——以北京市B大学退休教师养老状况为例[J]. 中国青年政治学院学报,2008(2).
246. 陈向明. 质的研究方法与社会科学研究[M]. 北京: 教育科学出版社, 2000.
247. 陈秀玫. 失智症患者小区式长期照护服务使用及影响因子[D],台北护理学院长期照护研究所,2004.
248. 陈玉敏. 独居老人自我照顾之需求[J]. 荣总护理,2001(3).
249. 程远,张真. 上海市区老年人养老意愿研究[J]. 市场与人口分析,1999(7).
250. 邓俊,杨晶,等. 我国城市空巢老人心理健康状况的研究综述[J]. 中

华护理杂志,2008(5).

251. 邓颖,等. 老年人养老模式选择的影响因素研究[J]. 中国公共卫生,2003(6).

252. 杜鹏,李强. 1994 ~ 2004 年中国老年人的生活自理预期寿命及其变化[J]. 人口研究,2006(5).

253. 杜鹏,武超. 1994 ~ 2004 中国老年人主要生活来源的变化[J]. 人口研究,2006(2).

254. 杜鹏,张文娟. 中国老年人健康预期寿命变化的地区差异:扩张还是压缩? 人口研究[J]. 2009(5).

255. 段文婷,江光荣. 计划行为理论评述[J]. 心理科学进展,2008,16(2).

256. 范淑玲. 护理之家住民长期照护服务使用情形及其相关因素探讨[D]. 国立阳明大学,2004.

257. 方秀云. 社区应对老龄化问题的对策研究——社区居家养老的理论分析与实践探讨[J]. 中共杭州市委党校学报,2006(5).

258. 费孝通. 乡土中国生育制度[M]. 北京:北京大学出版社,1998.

259. 冯敏,牟援朝,应春. 服务链的绩效分析[J]. 经济师,2005(2).

260. 复寿劳. 浦东老年人的养老意愿[J]. 社会,1997(11).

261. 高利平. 为居家养老建立社会支持[J]. 红旗文稿,2007(11).

262. 龚静怡. 居家养老——社区养老服务:符合中国国情的城镇养老模式[J]. 河海大学学报(哲学社会科学版),2004(4).

263. 郭继. 农村发达地区中青年女性的养老意愿与养老方式——以浙江省为例[J]. 人口与经济,2002(6).

264. 郭平. 老年人居住安排[M]. 北京:中国社会出版社,2009.

265. 郭秋菊,靳小怡. 婚姻状况对农村男性养老意愿的影响研究——基于安徽乙县的调查分析[J]. 人口与发展,2011(1).

266. 国家统计局人口和就业统计司. 2006 中国人口[M]. 北京:中国统计

出版社,2007.

267. 韩俊江,徐佳. 2011 吉林省居家养老服务的现状和对策研究[J]. 社会保险,2011(1).

268. 郝鹏,郭惠君,褚童洲. 浅议居家养老模式与老年居住区规划设计[J]. 热带建筑,2006(4).

269. 胡娟. 上海市不同老年群体居家养老服务需求与对策研究[D]. 上海市社科院,2008.

270. 胡正华,宣熙. 服务链概念、模型及其应用[J]. 商业研究,2003(7).

271. 黄润龙. 我国空巢老人家庭状态[J]. 人口与经济,2005(2).

272. 贾雪华. 北京市空巢老人养老需求与养老方式实证研究——以朝阳区为例[D]. 首都经济贸易大学,2009.

273. 贾云竹. 北京市城市老年人对社区助老服务的需求研究[J]. 人口研究,2002(2).

274. 江海霞,陈雷. 养老保障需求视角下的城市空巢老人居家养老服务模式[J]. 前沿,2010(3).

275. 景小力. 我国社区式居家养老模式的探讨[J]. 经营管理者,2010(18).

276. 李本公. 中国人口老龄化发展趋势百年预测[M]. 北京:华龄出版社,2007.

277. 李慧梅,王丽. 计划行为理论(TPB)在消费行为意向研究中的应用[J]. 四川教育学院学报,2009(9).

278. 李建新,于学军,王广州,等. 中国农村养老意愿和养老方式的研究[J]. 人口与经济,2004(5).

279. 李剑华,范定九. 社会学简明辞典[M]. 兰州:甘肃人民出版社,1984.

280. 李瑞芬,童春林. 中国老年人精神赡养问题[J]. 中国老年学杂志,2006,12(6).

281. 李伟峰,梁丽霞. 社区照顾理论及其在中国的实践问题[J]. 济南大学学报,2008(1).

282. 李晓玲. 中国人情:本土化的社会资本来源[J]. 长春理工大学学报(社会科学版),2007(2).

283. 李玉玲. 社区居家养老:文献综述[J]. 江海纵横,2008(1).

284. 林明鲜,刘永策等. 城市"空巢"老人与孤独感研究[J]. 社会工作下半月(理论),2008(3).

285. 刘飞燕. 居家养老:一种新型的社会养老模式[J]. 消费经济,2006(6).

286. 刘峰,孔新峰. 多中心治理理论的启迪与警示[J]. 行政管理改革,2010(1).

287. 刘秋生,尹昊聪. 服务链模型的构建与实现[J]. 科技进步与对策,2011(3).

288. 刘颂. 老年社会参与对心理健康影响探析[J]. 南京人口管理干部学院学报,2007(4).

289. 刘颂. 老年社会参与同自我和谐的相关性[J]. 南京人口管理干部学院学报,2006(2).

290. 刘维. 居家养老模式的社会学分析[J]. 前沿,2010(9).

291. 刘雪. 青年人养老意愿探析[J]. 法制与社会,2006(9).

292. 刘熙瑞,段龙飞. 服务型政府:本质及其理论基础[J]. 国家行政学院学报,2004(5).

293. 龙书芹,风笑天. 城市居民的养老意愿及其影响因素——对江苏四城市老年生活状况的调查分析[J]. 南京社会科学,2007(1).

294. 楼玮群. 居家安老——香港地区长期照顾中的社区服务模式[G]//民政部,全国老龄办. 国外及港澳台地区养老服务情况汇编. 北京:中国社会出版社,2010.

295. 罗楚亮．城乡分割、就业状况与主观幸福感差异[J]．经济学,2006(3).
296. 罗拾平．对长沙市社区居家养老服务的实证研究[J]．四川行政学院学报,2010(6).
297. 马春波．城市新型居家养老方式研究[D]．华中科技大学,2006.
298. 孟艳春．对中国居家养老模式的思考[J]．河北师范大学学报/哲学社会科学版,2010(5).
299. 缪宇音,薛仁翼,陈国强．独生子女父母养老问题研究——以上海市杨浦区为例[J]．中共宁波市委党校学报,2010(3).
300. 穆光宗．老龄人口的精神赡养问题[J]．中国人民大学学报,2004(4).
301. 穆光宗．中国传统养老方式的变革和展望[J]．中国人民大学学报,2000(5).
302. 穆光宗,姚远．探索中国特色的综合解决老龄问题的未来之路[J]．人口与经济,1999(2).
303. 牛玉君．基于服务链理论的现场服务管理研究[D]．西南交通大学,2007.
304. 裴晓梅．从“疏离”到“参与”:老年人与社会发展关系探讨[J]．学海,2004(1).
305. 彭艳芳．国内城市居家养老的研究综述[J]．社会工作,2010(3).
306. 蒲新微．分层保障:探索有中国特色养老保障模式的新思路[J]．学习与探索,2009(4).
307. 祁峰．英国的社区照顾及启示[J]．西北人口,2010(6).
308. 綦佳,王海燕,宗刚．服务链理论研究[J]．北京工业大学学报,2006(7).
309. 秦毛渔,邱启润,萧正光,等．小区独居老人自觉健康状况及医疗服务使用相关性之探讨[J]．慈济护理杂志,2003(2).

310. 全国老龄办．中国城市居家养老服务研究报告[R]. http://www. lovepama. com/lovepama3. pdf. 2006.

311. 全国老龄工作委员会办公室．全国民办养老服务机构基本状况调查报告[R]. 2009.

312. 全国老龄工作委员会办公室.2010 年度中国老龄事业发展统计公报[R]. 2011.

313. 全国老龄工作委员会办公室．中国城市居家养老服务研究报告[R]. http://www. lovepama. com/lovepama3. pdf.

314. 施教裕．老人对机构赡养之抉择及使用的探讨——以老年适应方式三种理论模式为例[J]．经社法制论丛,1994(14).

315. 石梅华,刘宝成．社会分层视角介入城市居家养老的必要性与可行性探析[J]．学理论,2010(14).

316. 宋宝安．老年人口养老意愿的社会学分析[J]．吉林大学社会科学学报,2004(4).

317. 宋宝安,杨铁光．观念与需求:社会养老制度设计的重要依据——东北老工业基地养老方式与需求意愿的调查与分析[J]．吉林大学社会科学学报,2003(3).

318. 苏景辉．小区照顾实务探讨[J]．小区发展季刊,1999(78).

319. 苏蕾．制造业远程服务链中信息与过程管理的研究[D]. 同济大学,2007.

320. 苏珊·特斯特．老年人社区照顾的跨国比较[M]. 北京:中国社会出版社,2002.

321. 孙慧峰．我国居家养老服务体系中政府的职责定位研究[J]．兰州学刊,2010(4).

322. 孙慧峰．中国城镇居家养老服务体系研究[J]．兰州学刊,2010(5).

323. 孙凌寒．居家养老与社区照顾研究述评[J]．浙江树人大学学报,

2010(3).

324. 孙泽宇. 关于我国城市社区居家养老服务问题与对策的思考[J]. 中国劳动关系学院学报,2007(1).

325. 唐咏. 居家养老的国内外研究回顾[J]. 社会工作,2007(2).

326. 唐咏. 孝文化的文献综述与孝观念的调查[J]. 社会工作(学术版),2007(1).

327. 万江红,张小丹. 农村养老观念的调查研究[J]. 郑州轻工业学院学报(社会科学版),2008(5).

328. 汪凤炎,郑红. 中国文化心理学[M]. 广州:暨南大学出版社,2004.

329. 王爱娣,徐姗姗. 关于居家养老问题的若干思考[G]//社会转型与社区发展. 社区建设研讨会论文集,2001.

330. 王璨. 我国城市居家养老的可行性解析[J]. 网络财富,2010(9).

331. 王辅贤. 社区养老助老服务的取向、问题与对策研究[J]. 社会科学研究,2004(6).

332. 王洪伟. 论供应链理论的演变与发展[J]. 科技经济市场,2008(1).

333. 王锦成. 居家养老:中国城镇老人的必然选择[J]. 人口学刊,2000(4).

334. 王连巧. 社区照顾理念与中国特色养老模式的构建[J]. 邢台学院学报,2010(3).

335. 王玲凤,施跃健. 城市空巢老人的社会支持及其与心理健康状况的关系[J]. 中国心理卫生杂志,2008(2).

336. 王思斌. 社区照顾对中国社会的借鉴意义[J]. 社会工作研究,1994(3).

337. 王飚. 奥氏多中心理论及实践分析[J]. 北京交通大学学报(社会科学版),2010(4).

338. 韦俏玲. 台北居家失能老人自觉长期照护需求与实际使用服务间差

异性的探讨[R]. http://ir.ym.edu.tw/ir/bitstream/987654321/4609/1/39116007_abstract.pdf.

339. 魏彦彦,等. 中国特色养老模式研究[M]. 北京:中国社会出版社,2010.

340. 邬沧萍,等. 社会老年学[M]. 北京:中国人民大学出版社,1999.

341. 吴刚. 居家养老,提升老年人的幸福指数[N]. 中国劳动保障报,2008-6-28.

342. 吴国卿. 居家养老和社会化服务[J]. 社会,2000(12).

343. 吴淑琼. 建构长期照护先导计划——理念与实践[J]. 台湾公共卫生杂志,2004(3).

344. 吴淑琼,王正,吕宝静,等. 建构长期照护体系先导第一年计划·内政部八十九年度建构长期照护先导计划[R]. 2000.

345. 夏惠明. 试论"政府主导,推进老龄化社会养老服务新模式——居家养老"[J]. 经济丛刊,2007(6).

346. 夏建中. 从街居制到社区制:我国城市社区30年的变迁[J]. 黑龙江社会科学,2008(5).

347. 项丽萍. 居家养老及其服务的研究综述[J]. 科技风,2010(1).

348. 肖莎,杨翠迎. 社区照顾视角下的养老方式:以香港为例[J]. 南京工程学院学报,2010(2).

349. 肖云,文莉. 青年农民社会养老意愿与农村养老保险持续发展研究——以对481位青年农民的调研为例[J]. 人口与经济,2006(5).

350. 谢美娥. 失能老人与成年子女照顾者对失能老人迁居的历程与解释:从家庭到机构[J]. 社会政策与社会工作学刊,2002(6).

351. 熊跃根. 需要、互惠和责任分担——中国城市老人照顾的政策与实践[M]. 上海:格致出版社,2008.

352. 徐守勤. 社区养老存在的问题及其对策[J]. 社区医学杂志,2005(3).

353. 徐祖荣．城市社区照顾模式研究[J]．人口学刊,2008(1).

354. 许爱花．中国城市社区老年人养老模式之反思[J]．宁夏大学学报,2005(3).

355. 严浩,秋风,潘力．居家养老:具有中国特色的养老之路——全国部分城市居家养老服务情况的调查报告[J]．社会福利,2006(1).

356. 阎安．论社区居家养老:中国城市养老模式的新选择[J]．科学经济社会,2007(2).

357. 阎云翔．礼物的流动:一个中国村庄中的互惠原则与社会网络[M]．上海:上海人民出版社,2000.

358. 杨春．对推进居家养老服务可持续发展的思考——以南京市为例[J]．人口学刊,2010(6).

359. 杨春．居家养老可持续发展研究——以江苏为例[J]．西北人口,2010(6).

360. 杨国枢．中国人的社会取向[G]//第二届中国人的心理和行为研讨会论文集．1992.

361. 杨国枢．中国人的心理与行为:本土化研究[M]．北京:中国人民大学出版社,2004.

362. 杨国枢．中国孝道的概念分析[G]//杨国枢．中国人的心理．台北:桂冠图书公司,1989.

363. 杨伟民．论个人福利与国家和社会的责任[J]．社会学研究,2008(1).

364. 杨中芳．中国人的人际关系,情感与信任:一个人际交往的观点[M]．台北:远流出版公司,2001.

365. 杨宗传．居家养老与中国养老模式[J]．经济评论,2000(3).

366. 杨宗传．再论老年人口的社会参与[J]．武汉大学学报(人文社会科学版),2000(1).

367. 姚发展．我国城市社区居家养老模式浅析[J]．青春岁月,2010(6).

368. 姚引姝．经济较发达地区农村空巢老人的养老问题——以浙江农村为例[J]．人口研究,2006(6).

369. 姚远．从宏观角度认识我国政府对居家养老方式的选择[J]．人口研究,2008(2).

370. 姚远．家庭养老和社会化养老服务等方式的理论探讨[G]//中国老年学学会编．中国的养老之路．北京:中国劳动出版社,1998.

371. 姚远．老年残障对我国家庭养老功能变化的影响[J]．人口研究,2009(2).

372. 姚远．中国家庭养老研究[M]．北京:中国人口出版社,2001.

373. 袁航．服务供应链与服务外包关系研究[J]．经济研究导刊,2008(4).

374. 袁辑辉．养老的理论和实践[J]．老龄问题研究,1996(7).

375. 曾淑芬,张志娟,陈厚凯．不同世代对长期照护服务之认知及使用意愿之差异分析[G]//台湾社会福利学会．"新世纪社会保障制度的建构与创新,跨时变迁与跨国比较"国际学术研讨会论文集．2008.

376. 曾淑芬,庄坤洋,陈正芬,等．给付标准的设定会引导民众对小区式服务的利用吗——以居家服务为例[J]．台湾卫志,2004(3).

377. 曾淑芬等．民众对长期照护的认知与期望态度之探讨——跨时代研究[R]. http://lib. chna. edu. tw/teacherproject/project/96CN9656. pdf. 1996.

378. 曾毅,顾大男,凯·兰德．健康期望寿命估算方法的拓展及其在中国高龄老人研究中的应用[J]．中国人口科学,2007(6).

379. 曾毅,王正联．中国家庭与老年居住安排的变化[J]．中国人口科学,2004(5).

380. 詹火生．人口高龄化问题之对策——政府、家庭与民间的分工[J]．研考双月刊,1993(174).

381. 詹火生,林青璇．国政研究报告老人长期照护政策——国家干预观点之分析[R]. http://www. npf. org. tw/PUBLICATION/SS/091/SS－R－

091 - 018. htm. 1994.

382. 张春艳．居家养老研究综述[J]．武汉科技大学学报(社会科学版) 2007(1).

383. 张宏哲．社区老人使用福利服务的情形及相关因素之探讨:以台北县为例[J]．东吴学报,2002(8).

384. 张恺悌,郭平．中国人口老龄化与老年人状况蓝皮书[M]．北京:中国社会出版社,2010.

385. 张润彤,朱晓敏．服务科学概论[M]．北京:电子工业出版社,2009.

386. 张文范．中国的养老之路[M]．北京:中国劳动出版社,1998.

387. 张旭升,牟来娣．"居家养老"理论与实践[J]．西北人口,2010(6).

388. 张雅．关于社区居家养老的文献综述[J]．财经政法资讯,2010(5).

389. 赵芳．与家庭共舞——结构式家庭治疗及其本土化[M]．南京:南京师范大学出版社,2008.

390. 赵芳,许芸．城市空巢老人生活状况和社会支持体系分析[J]．南京师大学报(社会科学版),2003(3).

391. 赵亚平．社会政策分析架构下的社区居家养老服务浅析——以北京市西城区为例[J]．中共郑州市委党校学报,2010(2).

392. 郑建娟．我国社区养老的现状和发展思路[J]．商业研究,2005(12).

393. 郅玉玲．江南三镇农村老人的养老状况及意愿比较[J]．西北人口,2002(2).

394. 中华人民共和国国家统计局．2010 年第六次全国人口普查主要数据公报(第 1 号)[R]. http://www.stats.gov.cn/tjgb/rkpcgb/qgrkpcgb/t20110428_402722232.htm. 2011 - 4 - 28.

395. 中华人民共和国国务院新闻办公室．《中国老龄事业发展的发展》白皮书[R]. http://cn.Chinagate.cn/reports/2007 - 02/02/content_2365596.htm. 2006.

396. 周福林. 我国留守家庭研究[M]. 北京:中国农业大学出版社,2006.
397. 周绍斌. 从物质保障到精神保障——老年保障的新趋势[J]. 福建论坛·人文社会科学版,2007(7).
398. 朱要武,葛岩,丁玫. 浅议加强企业服务链管理,山东行政学院山东省经济管理干部学院学报[J]. 2006(3).
399. 庄坤洋,陈育慧,曹爱兰,等. 社区中失能者未满足需求之盛行率与其相关因素[J]. 台湾公共卫生杂志,2004(3).
400. 李世代,吴肖琪,陈惠姿,等. 小区化长期照护之发展策略——地方分权之决策[R]. 台北:财团法人国家卫生研究,2003.

后 记

我国正在进入一个快速发展的老龄化社会，如何及时、科学、综合应对人口老龄化给经济社会发展带来的机遇和挑战，更好地满足日益庞大的老年群体及其不断增长的生命、生活质量需要，更好地满足全体公民老年期的美好生活需要，已经成为政府、企业、社会、家庭乃至个人普遍关注的问题。而在所有老年人的服务需求中，照料与护理需求依然是其中最普遍和最主要的。

如何更好地满足老年人的生命、生活质量需求，在保证其基本生活质量的基础上，为其提供相匹配、可获得、可利用的照护服务，使其保有生命和生活的尊严，是我在老龄科学研究中经常遇到的问题。在中国人民大学老年学研究所攻读博士学位期间，在导师姚远的指导下，我最终将居家养老服务作为我的博士论文方向，并在不断查阅国内外相关文献的过程中，进一步将研究视角聚焦在居家养老服务意愿、需求、供给与利用之间的平衡与匹配分析上。在准备研究选题的过程中，每次与姚远老师的探讨与交流都带给我极大的学术启发。我硕士学习师从姚远老师，工作之后继续攻读博士学位，依然师从姚远老师。导师不仅用渊博的知识、开阔的眼界为我答疑解惑，更用他严谨的治学态度、务实的研究作风和朴实的人格魅力影响着我的成长。正是有了导师的帮助、督促和启发，我才能够在工作之余顺利地进行博士的学习和研究。在此，深深地向敬爱的姚老师道一声感谢。感谢在博士论文开题、答辩以及撰写等过程中，邬沧萍、翟振武、杜鹏、姜向群、段成荣、刘爽、张文娟、孙娟娟、周祝平、唐丹、陆杰华、王金营等老师给予我特别宝贵的意见和建议。感谢一起度过三年博士学习的王红丽、周宏宇、马焱、王菲、秦艳艳、陈响、郭琳、杨凡、王富百慧等同学的鼓励和支持。

书中使用的数据主要来源于中国老龄科学研究中心的两次全国性老年人口生活状况调查。这两次调查是中国老龄科学研究中心历任领导带领中心的同事，以严谨的科学态度，认真组织实施并完成的，在研究中国的老年人口问题方面有着重要的作用和意义。我自中国人民大学毕业后就来到中国老龄科学研究中心工作，至今已十六年，在历年的工作中，特别是在论文写作过程中，中国老龄科学研究中心的张恺悌主任、吴玉韶主任、王深远主任、党俊武副主任、曹健副主任、刘芳副主任都给予了莫大的支持与鼓励。在数据使用过程中，郭平、陈刚、苗文胜、翟德华、辛涛等老师都给予了许多技术支持。在此，对所有在数据调查中付出辛勤努力的领导、同事和老师们表示感谢。

书中使用的访谈资料与素材主要来源于我所参加的基本养老服务体系课题组。在课题组长李晶的带领下，我和课题组成员伍小兰、魏彦彦、罗晓晖、杨晓奇、董彭滔以及张静等老师，搜集了大量的一手访谈资料，也正是有了这些宝贵的访谈资料，我才能更好地对老年人的居家养老意愿和需求有进一步的分析与研究，在此对课题组的成员们表示感谢。同时，也感谢在研究过程中给予我支持与帮助的王海涛、张秋霞、曲嘉瑶、欧阳铮等老师。

此外，特别感谢杜鹏老师。他在我博士学习和论文完成过程中给予了支持与鼓励,提出了许多启发思路与开阔思维的宝贵意见,在工作和学习中关怀我的成长,无条件地肯定、鼓励与支持我,更在博士论文完成后,推荐我参与中国人口出版社的国家出版基金项目,才使这部书稿得以公开出版。在此,向杜鹏老师致以深深的敬意与感谢。在书稿提交至中国人口出版社之后,出版社的何军老师一直持续跟进这项工作,在本书的审阅、编辑过程中,提出了诸多宝贵意见,并付出了大量的心血,在此一并表示衷心的感谢。

最后,我要感谢我的家人。感谢你们为我劳心劳力、无限支持,在劳累时成为我温暖的港湾,在迷茫时给我坚持的勇气,鼓励我继续向前,感恩生命中能够遇见和拥有你们。